# 万字

李新建 著

SWASTIKA INVESTIGATION

# 探微

社会科学文献出版社
SOCIAL SCIENCES ACADEMIC PRESS (CHINA)

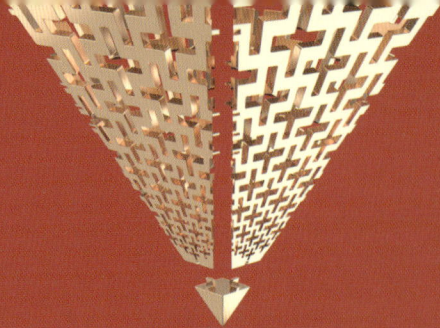

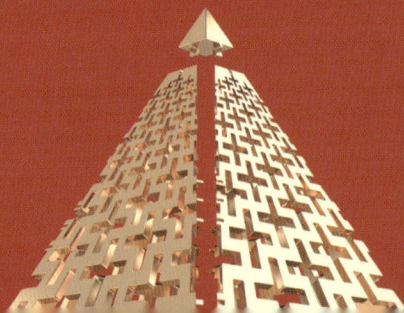

# 鸣　谢

上海世久非物质文化遗产保护基金会
赞助本书出版

　　李新建，著名画家，法国籍。1978 年考入四川美术学院，1982 年毕业后自愿赴西藏工作至 1991 年，在拉萨西藏革命展览馆担任展览策划、展览总设计师。1991 年赴法国巴黎国立高等美术学院留学，1994 年毕业。曾举办个人作品展览《一块孤独的石头坐满整个天空》《无须之美》《从西藏开始》《遗产场》。

# 目 录 一

**案卷一**
**黑铁时代**

**案卷九**

**非符号化设计**
——新的静力空间

## 下 编　万字绘本

# 关于"万"字计划的问答
## 代序

问：侯瀚如 [①]

答：李新建

1.你对"万"字的兴趣显然跟你曾经在西藏生活和工作过有深刻的联系，这又跟我们这一代人在 1980 年代的浪漫主义的改天换地式的前卫精神不可分割。中心的一点，就是挑战各种成见和禁忌，以达成改变世界，并使之更美好的愿望。你同意这种解释吗？能否就此作更详细的探讨？

1982 年我从四川美术学院毕业后志愿去了西藏工作，我在拉萨西藏革命展览馆谋得一份做展览设计师的工作。好像所有的人都认为西藏是一块充满传奇故事的土地，躺在天高地远的蓝天下做梦很惬意，在西藏生活定居下来可自由地创作，思考无须精神上的迟疑。当然代价不小，首先需要完成单位的任务，你不能每天都去画画搞创作，你得接受物质生活的匮乏，长年远离家乡

---

① 侯瀚如，1963 年生于广州，1990 年以后移居巴黎。现任罗马 MAXXI 博物馆、21 世纪国家艺术馆和国家建筑博物馆艺术总监，纽约古根海姆美术馆中国艺术策展顾问。

的寂寞，寂寞或许能让思想疯狂生长。

1985 年的 11 月中旬，美国波普艺术家罗伯特·劳森伯格租了一架军用飞机来拉萨，他 12 月 5 日要在我们西藏革命展览馆举办他的全球巡回展览，理由是为了和平。我协助他安置展览作品，为他的展览做广告设计，一起布展，给那些刚从哲蚌寺朝拜过来摇着经筒的藏民指点这位美国艺术家的艺术创作。不爽的倒是劳森伯格，迁怒于那些藏民们对挂在墙上、飘在天上、铺在地上的……不管是对图片、绘画还是装置，通通视而不见，只喜欢围着安置在展厅里那几台播放米老鼠和唐老鸭的电视机摇晃着经筒转圈圈，而漠不关心他的艺术成就。他老先生把电视机全关掉，藏民们无奈地离开了"肤浅的"米老鼠和唐老鸭，聚集到他泡在浴盆里的半截大提琴前，继续地摇晃着转经筒，围绕着这件"深刻作品"转圈圈，表达对这位美国当代最为著名艺术家的包容和敬意。我的约 30 平方米的画室兼卧室的门廊每天面对布达拉宫，有一天，劳森伯格来我的工作室喝茶，他看了看布达拉宫后面的雪山对我说："做艺术胆子要大一些，要让思想走得更远一些。"有一次西藏美协的一些艺术家和文化厅的一些官员来参观劳森伯格的展览，他让我解释他的作品，我指着一件作品说，这是一个流产的孕妇，他听了哈哈大笑。我后来又在那张大广告牌上画了两只"蒸鸡"，理由是同样的——为了"和平地饮甜茶"。

"和平地饮甜茶"——"蒸鸡"，这就是潜伏着的前卫幽默精神吧！

"文革"后，不在"国家指令性分配计划"之内，西藏自愿去了第一批 1980 年代初毕业的大学生。那时我们开玩笑说，随便捡块石头就能砸到一个诗人头上。这帮从都市里逃亡满怀理想

主义、浪漫主义的年轻人，时常聚集在拉萨河中的一个小岛叫崗玛林卡，直译叫强盗林卡（现在又叫太阳岛，寄托着那个时代乌托邦的理想），喝着青稞酒、啤酒、白酒，大侃古往今来天下事，相互影响，推荐看哪本书，讨论西方的象征主义、表现主义、未来主义、魔幻超现实主义，纠集一伙人或者干脆独行于西藏边远的荒凉的地方，要不就去一个什么荒诞怪异的圣地画画，炫耀自己离开拉萨的奇遇，还夸耀自己每晚不睡觉写小说写了多少字。他们企图在美术作品和文学创作中，将西藏人的传统习性赋予神奇的现实，表现西藏的灵魂飘浮在来之蹊跷、去之迷离的魔幻空景。那时候文学与艺术在这里"骄傲无比"。猜猜看，晒着暖烘烘的太阳会想什么？一群女孩在高地上没日没夜地跳贴面舞。小喇嘛骑着自行车围着布达拉宫唱"十五的月亮谁来陪伴我……"西藏裹挟在改革开放的大潮中，来了不少内地的民工干活儿，西藏到处也可见外国人旅行，开商铺。有一天我漫步拉萨街头，忽然发现黄头发的外国人比我们黑头发的人还要多。事实上，那时在西藏的生活同内地相比，极其艰苦朴素，却真的是阳光灿烂的日子。中国当代艺术的发展，不管是在艺术的边疆西藏和艺术的中心北京，1980 年代都是一个启蒙、开智、包容、绝对浪漫的时代。可不是嘛，各种奇奇怪怪的艺术可以在西藏革命展览馆展出，随后中国前卫的当代艺术也可以在官方的中国美术馆开展。在 1980 年代的中国大地，艺术家们"改天换地"挑战各种成见和禁忌的反叛的精神，就像海上的巨浪势不可当。所有呈现出来的思潮和行动去兑换自由的代价开始有了收获，要向有前卫精神的理想主义先声致敬。

2. 自从来到法国生活以后，你和大多数移民一样，经历了根本的文化转变。这也是促成你反过来思考"东方文化"和"西方文化"的关系问题。这首先是一个切身的、私人的问题。然后，推而广之，它也成了一个今天社会的共同问题，因为我们生活的是一个多元文化和全球化的时代。"万"字以其特定的历史经历和从中所获得的近乎禁忌的含义而成为你的研究课题。这跟你的个人经历相关，也是这个时代的共同性的体现。你能否就移民和多元文化的问题发表你的进一步看法？同时，是什么使得你如此着魔似的坚持这个计划呢？

首先，"东方文化"和"西方文化"是以地域概念来划分、文化差异来划分，或是种族分布来划分？"种族"加"主义"当今一直受到严厉的批判。我想后一个问题是属于敏感禁忌的范畴。事实上，早期历史中人类的迁徙和种族扩张力分不开，一个个的家庭，一个个的部落，更重要是种族，离开自己祖先从远古时期就居住的地方，探找新的土地，寻求新的发展。大约公元前 1445 年，摩西率领他的同胞离开埃及朝巴勒斯坦进发，他们从未打算再返回幼发拉底河边拥挤的美索不达米亚。后来又等了两千多年，历尽各种苦难，才重新建立一个新的国家以色列。开创中华文明的先辈又是来自何方？有的史学家和人类学家研究认为苏美尔人讲的语言同汉语相似，楔形文字同汉字有关联吗？历史与神话交织都很富有戏剧性，我们将在哪里去找到一个比三皇五帝更可信的源头？公元前 2000 年至公元前 1200 年前后，侵入希腊的是属印欧语系的雅利安人，又称亚该亚人或赫楞人，公元711 年，塔里克（Tarik）带领远征军跨过直布罗陀海峡征服了西班牙，算起来，阿拉伯人以不到一百年时间横扫地中海世界。公元 1206 年，成吉思汗建立的蒙古帝国不断征战，不断扩张，肆虐欧洲，建立起一个横跨欧亚的庞大帝国。迁移、入侵和征服，不是从一个极其平淡无味的争论开始，它伴随着痛苦和灾难、意志和野心、成功和巨大的喜悦。今天我们说的西方人，已不再是种族和地理上的概念，他们散布在美洲、大洋洲和欧洲大陆，就像"万"字散落在世界各地那样。随之而来的问题是，为什么这个"万"字，几乎在所有的人种或种族中，成了通用的、唯一的一个公共符号呢？

"东方文化"的边界在哪里？研究数据表明，由于有伊斯兰世界的存在，形成了一条抵抗边界，推迟、保护了中国在 150~200 年前被西方殖民化。今天的美国向全世界推销流行文化，宣传价值观，秉承了亚历山大式的"世界主义"遗愿。然而，当欧洲大陆实行文化保护主义，美洲大陆就对其进行商业讨伐，这也许体现了"西方文化"的价值？对"东方文化"和"西方文化"应该怎样界定，是一个需要时间来思考的有趣话题。目前我们生活在一个多元文化和全球化的时代（或许称"全球化商业化的时代"更合适），可能情况更加复杂甚至险恶。如果全球化是以工业文明的发展为铺垫，是用商业贸易扫荡世界，有一股暗的力量，主张全球化 / 一元文化 / 一神教，同时还有另一股暗流，有人在反对全球化时，强调多元文化，那会不会就落入"文化差异"极端指向的文化种族主义者早已埋设下的圈套？

无须惧怕！

当一切都成为事实而变得冷酷无情，我会借用装饰在纽约大都会博物馆门楣上的万字即希腊回纹，设计一座代达洛斯迷宫，寻觅到一条纽带，摸索着它，从人类社会混乱险恶的迷阵里逃逸出来，如果全球化和多元文化矫情的伪装再也不需要，我会接通

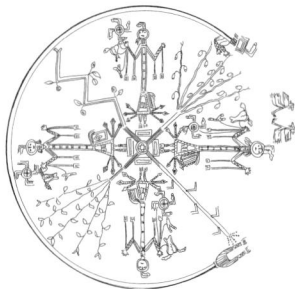

一条编码，它就是最早起源于美索不达米亚的万字图形，我会用这个图形建造一件独特结构的金字塔和方尖塔，它也同样是一座别具一格的里程碑，一个关于人类迁移延伸的宏大业绩，一个揭示人类罪恶的隐喻，而且也仅仅是它，将成为涵括全球人类社会文明唯一存在的事实。

3. 作为视觉艺术家，不仅把万字的形象作为艺术作品的主要符号来使用，而且还像考古学家一样，从考证史实的角度来研讨这个符号的来源、含义和发展。你是如何定位这种研究的？这是一个艺术计划还是科学计划？你对于艺术和科学以及广义的社会学科之间的关系是如何划定的？

艺术品不仅仅是为了满足视觉上的需要。拂开万字铺满的历史尘埃，是时间把那些细节衔接起来。我由此会想到"原本生"的故事。面对那些庞杂的史料档案，利用考古学、历史学、人类学的研究方法，以事实为基础，这一研究是科学的、严肃的。我选定用那些庞杂的史料档案，以图形归类的方法，推导出万字这个符号的特别图式式样，具有无里无外、无上无下、无左无右的"拓扑变量"性质。

何以呈现？

当今的人类学、考古学、历史学与社会科学拓展了历史研究的基础，同样也为我提供了重新思考观念艺术的工作方法。非洲著名的神经病理学专家兰姆给予从教皇到总统的每一个世人忠告："世界上没有任何一种文化能摆脱神经机能病的困扰。"

事实上我们都被一些学科的词句所限定、迷惑，在社会群体交往中伴随着种种偏见和严重的文化神经机能病症。人类心智发

展自以为到了生物链上端，我们无须顾忌异文化的不同层面。我所著述、所绘画的这个文本，无疑是一些人类所共有的病例例案。据我所知，被称为艺术家，特别是视觉艺术家，他们大都是一些敏感的文化神经机能病患者。如果我能成为神经病理学专家、精神分析的医师或是我们都承认自己是被文化神经机能病所困扰的病人，我们将成为分析者去分析病人，我们也将作为病人同样地来分析分析者。如是，我们就能在精神上获得同各种文化的沟通交流。

艺术和科学并行不悖。一个小小的符号构成一部人类文明史。只有视历史为一件艺术品，才能激发并维系住宝贵的直觉，和一种匪夷所思的企图。编撰这几百页的文本作品或称之为观念艺术，我重新定义、再定义了这个符号。我使用"非符号化"的概念，提供的作品方案赋予时间一个形态，将诱使我们思考：是否我们可以生活在十一维的空间里？

上帝死了吗？上帝是无穷忍耐，乐园未尽丧失。不管我们人类是否是生物链上的一个环节，一个被检测的物种，我想做只透明的耳朵，能听见宇宙间细微的音域，我想复活亿万年前聪敏的"恐人"，不用DNA，不用干细胞，不用……科学的疯狂一定和艺术家的浪漫情怀有关。闲谈古今，清茶好酒，我们都有一只上帝之手！

艺术和科学以及广义的社会学科之间的关系如何划定，不仅仅是去了解它们相互间交叉的关系，更要研究我们精神上的庭院空地有多大。

格物致知——我们更需要的还是无限的想象力！

我在这里也是提出问题而不是结束问题。

重要的是，撑开意志这张帆，脱离开既定条法、世俗规范、

人类生存准则投下的阴影和明灯低端处的黑暗，我们应该去享受另一种自由。

4. 在你近期的艺术计划中，你把游戏和偶然性引入当中而成为主要的元素。你能谈谈游戏、偶然性和挑战禁忌的关系吗？

"万"字这个符号，被德国考古学家谢里曼在特洛伊古城探险考古时偶然发掘出来，他被阿伽门农的金面具刺得双目昏眩，顾不得追究这符号在以前发生了什么，他一定也没想到之后所发生的灾难，但他宣称这是宇宙性的标志。19 世纪和 20 世纪的一个美国人类学家和一位在中国的法国基督教传教士分别出版了他们有关"万"字的著述，他们也是在一个偶然的机遇发现了"万"字的秘密。如果偶然性并不仅是这些，中国数学家华罗庚建议把这个符号作为人类向星际移民的标志。看来，偶然性是我们这世界具有多重历史、多重思维的必然结果。

爱因斯坦说："上帝不玩骰子。"

史蒂芬·霍金却说："然而所有的证据表明，上帝完全是一名赌徒。"

弗雷德·霍伊尔认为："我们日常的经验，甚至在最小的细节上都与宇宙的大尺度性质密切联系在一起的，以至根本不可能设想这两者可以分离。"

这 3 位著名的理论物理学家、天文学家，对宇宙和我们这个世界具有多重历史嬗变的偶然性做了有趣的结论。

法无戏论——不是每个人都是学者、专家。这个艺术计划以快乐为原则，在轻松幽默的氛围中诠释"万"字这个饱含人类心灵意念的符号。为的是重新感受日常生活中的隐喻。

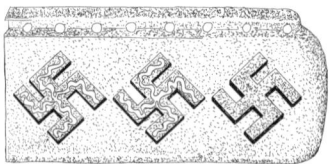

我做了一个"赌盘",如同"上帝那样去玩骰子"。

我也重新设计了代达洛斯迷宫,赋予人们有如忒修斯那样真正的英雄格调。

我铸造矗立的方尖塔,拨动的是十字和万字两个古老的历史密码,它们穿越时空将太阳托起,交织出理性美的形式。

掷几把骰子不是狎弄,这里有浩浩宇宙,世上亲情。

去迷宫走走,带有一种喜气和清穆,它会把我们从深奥和晦涩中解放出来。

5. 最后,你能谈谈你的这个计划最终的意图是什么吗?

我不是在做历时性的研究,我喜欢追根溯源去寻找,但我更重视视觉塑造。存在于形式之间的深刻和谐的审美意识,超越了历史变迁、种族差异、守教对立、文化习俗。人类文明的审美价值精神创造的物品都包含在共时性原则中。当翻开这册文字与手绘图画,你能看到有趣的图形,听到有趣的故事,寻找到遗落在历史中的一些证据,一个正在构建的高维的艺术品,所有的真相都隐藏于历史的碎片中。文本在这里是任何人都可以拿起来翻阅并提出问题的手册。如果这个计划还能不断地推进,我设计了一艘宇宙飞船,十字闪烁,万维光导,时间形态的莫比乌斯环形太空站将掠过 1250 亿个宇宙星系,巡游到 200 亿光年的广阔空间,回望无垠的壮丽非凡的宇宙尺度与我们的蓝色星球——美的边缘。

# 自 序

**1982** 年一个冬天的大清早，我乘伊尔十八去西藏，游心无垠，"歍彼晨风"①。

忽然，一阵剧烈的颠簸、颤抖，飞机左侧右翻，掉进了混沌的低气压带，螺旋桨搅动着厚厚的云层，发出震耳悸心的轰鸣，眼前一片昏黑，行迈靡靡，呜呼，命绝无望……

几缕弥漫的光亮划过，我把头贴近弦窗，打满铆钉的机翼好像鸟儿扇动翅膀，拍打着蒙蒙迷雾，攀升，攀升，攀升到氤蓝的天空，穿窿清凉。俯瞰广普，浮游在白嘟嘟云海上面，紫玫瑰色的雪山慢慢地变成了金红色，呈乳头状墨黑色的云团在天顶驰骋，飞机不动了，那是种奇妙的感觉，很安静，似乎一切都在无重力的飘浮之中，有如灵魂远离躯体的静谧。

飞机降落在拉萨雪山顶上一块褐色的平坝上，我走下舷梯，溟蒙中五世达赖喇嘛阿旺罗桑嘉措对我讲：藏王松赞干布来到圣山，以"四曼为相"，附"六大为体"，亲眼看见那里自然显现出的六字真言：唵、嘛、呢、呗、咪、吽。他沐浴全身，虔诚祈祷，六字真言放出五色彩虹，白雪冠顶的岗仁波齐自然显现观世音菩

---

① 王秀梅译注《诗经》，中华书局，2015，第259页。

萨、白度母、大威德金刚等佛像，他用自己的鼻血绘制了一幅白拉姆神像，这些佛像四周都镌刻着万字这个符号。[①]

我打开我的房门，每日每夜面对着布达拉宫的日月殿。有一天，布达拉宫变成了一条大舰船。打点好背囊，我去西藏各地朝拜。

我在岗仁波齐布的神湖里濯足，我向鬼湖里甩了一块石头，绿色的云朵掉下柠檬色的雪片。我漫步在绵延不断的喜马拉雅山脉，西藏这块圣地被紫色的阳光覆盖，到处都画满了万字符号。一天夜里，布达拉宫的藏经殿里冒着浓烟，火光映红了历世达赖喇嘛的大灵塔，我提着水桶去救火，幸运的是刻戳有万字的《大藏经》没有被烧坏，我把它和"贝叶经"放在大玻璃柜里，任人们去读识。

菩萨以"爱欲"牵人逐济渡之。

在法国巴黎的画室里，我用紫罗兰的色彩在画布上画了一个万字，一位法国朋友来到画室看见这幅画后，很紧张地对我讲："你这幅画不能参加展览，这是希特勒法西斯的标记，警察会找麻烦。"

历史或许能帮助我们了解自己所经历过的源流？

同样是这个符号，在不同地区却有如此不同的理解，它有着丰蕴的含义又如此神秘不可知，对它不可抗拒的、不可逃逸的与日俱增的兴趣，促使我去世界各地考察，并对这古老的符号作探索性的研究。

每到一个地方，我向人们问及万字这个符号的象征意义和它的形象来源。通常，有些人会说这是个佛教符号，另一些人

---

① 五世达赖喇嘛阿旺罗桑嘉措（1617~1682），出生在前藏贵族琼结巴家族，是当时日喀则地方的世袭统治者。

说这是个纳粹标记，还有更简单的回答："向左是好的、向右是坏的。"以至于有位在德国的艺术家做了不知是否算是一件"高智商"的作品，在一个左方向"卐"的正中心搞上一个活佛的头像，在一个右方向的"卍"正中心搞上一个法西斯头目的头像。但更多的人总是流露出迷茫、诧异的"陌生"的表情，事实上绝大多数人并不知道这个符号的真实来源，或许也就真不知如何回答。

不过，"向左是好的、向右是坏的"这似乎就是人们对这个符号形象所得出的简单结论和通常回答。都知道 20 世纪是一个非常极端的年代，万字在那场灾难性的战争中被希特勒纳粹所使用，它的历史纪录就此"搁置"。在 20 世纪找不到一本有关于万字研究的专门书籍，查找不到更多的资料。记得有一次，我在一位法国朋友家里做客，同他谈到万字符号这个话题，他的另一位朋友在一旁嚷嚷说："为什么你不去天安门广场展示日本的太阳旗？"这嚷嚷声颇使我的朋友尴尬，他的意思很明白，日本的太阳旗在那个时代就等同于希特勒纳粹使用的'卍'这个图形标记，它们在第二次世界大战期间都是血腥暴力的象征。

历史是敏感的。

为此，我试图在我的艺术行为中，用文化人类学的研究方法来释疑这个最古老的符号。查资料、查档案，去不同的地区和国家、去不同的博物馆……对万字的兴趣和研究，如同面对一个人类故事，它展现出人类自史前到现代社会生活的波澜壮阔和坎坷多舛，它包含的那些丰富精彩的史实图像赋予了历史宏大的嬗变过程。在我眼中，历史就是一件"高维"的艺术品。由此，就产生一种愿望，在这一件艺术品里再添加几个字，画几页插图，写一个读本，做一件绘本。

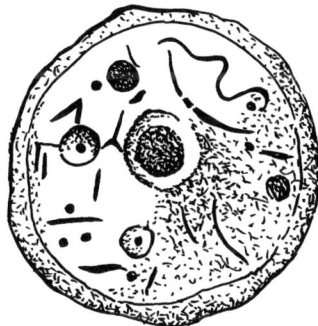

1997 年 12 月到 1998 年 1 月，受美国纽约一个雕塑基金会的邀请，我在那里工作了两个月，完成了一件《静力倾斜》的设计，同时展示了用"非符号化设计"观念做的《隧道》或称为《迷宫》的计划。这段时间我最大的收获，是在美国的国家博物馆里发现，大量陈列的北美印第安人艺术品中，有许多万字符号的图案出现。更为重要的是，我在纽约图书馆查找到不少证据显示，19 世纪有不少学者研究这一人类最古老的符号，如美国人类学家、历史学家、美国国家史前博物馆人类学馆馆长托马斯·威尔逊（Thomas.Wilson）写的一本书 The Swastika，基督教神父路易·加亚尔（Louis Gaillard）写的一本书 Crolx Etswastika en Chine，法国一位资深学者米歇莱·弥功则帜（Michael Zmigrodzki）1889 年甚至在巴黎博览会做过一个对万字符号考察研究的专题展览。有趣的是，一些知名和不知名的学者对万字符号进行了不同方式的研究，得出不同的结论。我所提出的质疑，是 19 世纪的那些学者对万字符号的研究有没有加进神秘主义的暗示？可以肯定，这些学者怎么也想不到，一个叫希特勒的人会在 20 世纪颠覆了这个符号。迄今，纳粹的阴影使人们心有余悸地度过战后的七十多年。

从研究收集到的数据表明，20 世纪前的大百科全书及字典里都没有对这个符号的解释，当代的词典对它的解释也非常简单。虽然这个符号在世界上流传了八九千年，但很难说出这个符号起源于什么时间，目前的研究还没有准确的结论来说明它开始于什么时代，什么地方，它最早的原始意义。因为我们还会不断有新的发现。也许这个符号只不过是两条直线交叉，再画成直角，非常简单，容易被发明，而且每个地区、每个时代的人都会独立想出它来。但万字这符号有可能在第一个发明它的人那里被赋予了

思想和象征意义，然后从个人到个人、种族到种族、国家到国家地传播开来，它的原始意义可能早已改变，但这个图形符号早已广为人知。

我希望我已经找到一种"前所未有"的方法，用文化人类学的研究方法释解万字这个图形符号，包括古学、历史学、宗教形态、哲学意识、艺术风格，特别是在当代艺术范畴中理解它们相互间的关系。

——为了增强人的认知能力，就必须把万字符号转换成感性信息，人类对历史的记忆是有限的，历史也并不依附于某个符号的表面形象，但一个能够提供丰富信息资源的文本能十分有利于恢复、健全人的感觉能力。

——人们依据这件文本所传递的信息，可快速评价和分析万字符号图形的内涵。

——应该把这样一个符号看成人类社会的文化遗产。为了彻底吸取第二次世界大战的教训不重蹈覆辙，理想的情况是信息转换，媒介变革，对这个符号重新定义，同时在一个高水平的没有文化偏见的氛围中开始人类未来的生活。

根据上述论点和对万字形象即式样上的研究拓展，我以"非符号化设计"的概念来创作一系列作品，这包括三个步骤：

——艺术表达方式和科学分析方法并行不悖，基于对这个符号古代和现代历史性的重读。

——根据这个符号特殊式样，进行一种解构方式的安置——移动、变换、非经典的模式。

——按照某种逻辑数理参照系数，着手实现"体积性"的设计，使用不同材料和联接构成不同体积形象的欧几里德空间，这里不是着重去表述一个"拓扑空间"里几何形体一对一的双方连

续变换下不变的性质，最主要是要为人们创造一种环境，即：建构一个可全方位无限循环扩展的、有建筑形式的、用光编织成的科学和技术秘诀的结合体，一条隧道、一个迷宫、一座透明的城池，可称为"新的静力空间"。

要申明的是：我只是想使用另一种手段来表达我对人在历史生活中的关注，描述史前和当代如此繁杂和庞大的历史事件是史学家的工作，而在这里是一件或是一堆"案卷"，所罗列出的是一些非逻辑性的、是是非非的"公案"，而不是一位史学家的著作，理由是基于共时性的原则艺术家可以根据考古学、人类学的研究方法去想象、去创造，而史学家只能基于考古发掘的史实来判断陈述事实。

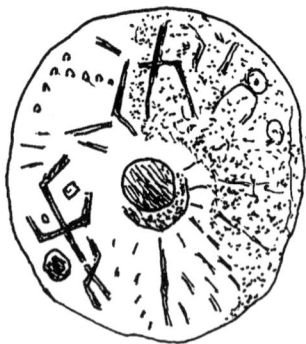

本书称之为读本、文本或是案卷，在于它不同于一般书的概念，实际上这是一件观念独特的、以不同呈现方式展示的作品，其中隐含了当代艺术所关注的若干问题。有人梦想回到"本源纯洁的欧洲"（基督教前的异教文明），一个重要的事实是，在人类社会持续不断迁移的过程中，各种文明就一直没有停止过相互颠覆，而将"文化差异绝对化"——"民族主义癫痫症"，是当今孪生的最具灾难性的危险。这里提供的图像、图形和文字信息证明，万字符号出现在人类社会生活中的不同领域，我更感兴趣的是我们从何处来？我们将迁往何处？所有的证据显示，万字是过去和将来的迁移途中，人类社会文明发展进程的不可遗弃的一条纽带。为设想一个宽慰的未来，本书取名为《万字探微》，意在消除异端狂想，用些"机锋"来随缘任运。

这个读本是对万字符号进行"非符号化设计"另一种概念的表达方式。

案卷的若干数量将被堆积和安置成不同的体积，它更像一堆土石方和砖块，你得到的是一个三维物体。当人们触摸翻阅这些文本，它形成一个四维状态空间被解构而转换成另一类非物质形态来获得展示。我们不再就万字符号来讨论万字符号，它插入非符号化设计的系统之中，正如你从这堆积安置的展品中把它抽取下来那样，你可以找到你所需要的意识形态。也许你会为不同的图形困惑而烦恼，面对一段历史悚然，在一场噩梦惊骇中有所警觉，被瞬间即逝的神秘意念迷惑，骚动于一句煽情的话语不知所措……或是打一个幽默的饱嗝。当然，你可以把它当成另一种文献版本，我将搜集到的确凿的史料和拍摄到的图片，用绘制插图的手法来表现。这个文本里极力呈现那些富有想象力的图画，读本中的文字、章节，运用蒙太奇的手法，力图内涵真实、灵活、幽默，如果你认为有的论点荒诞无稽，你得提出事实依据反驳。文本内收集的信息和图像，以不同类别、领域中的图形推断来分类，这也许有不少争论，我对这些争论不下定义。文本中的信息从最原始开始，牵涉史前和现代，并伸延到地球上很多地方和国家，文本中的那些图画记载了远古时代人类文明之初——新石器时代、迁居时代、青铜时代……当代文明也或多或少地包括在其中。在中国的文化传统概念中，万字这个符号的意思为"生生息息，循环往复"，又称"万字不到头"，我认为这是一种有深度、有体积的理论。

事实上，历史不是缠绕在脚上的一条锁链，只有视历史为一件艺术品，才能激发并维系住宝贵的直觉。我希望读者和有兴趣的人，无论是激进的还是保守的，无论是富有想象力的还是持怀疑论的思想家，无论是宗教信徒或无神论者，无论是理论家或批判主义者，通过这件作品都会获得对这个符号客观的、全面的认识，用时间的心智并依据自己的发现毫不犹豫地把自己的思想捐献出来讨论。

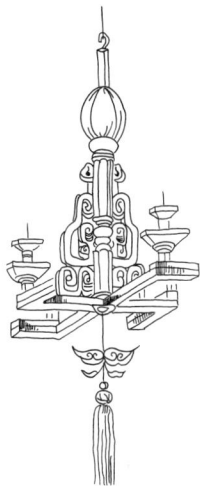

　　不管怎样，我们只能生活在我们这个历史的片刻之中，去思考再也不会回来的时代。现在开始的一个新的、未知的编年史时期，我还是更喜好面对那么些"现成品"：从地里挖掘出来的，遗弃在荒漠中的，陈列在博物馆的，幸好能保存下来一直在修缮的，不管是土著的窝棚或是希腊式、罗马式、哥特式、东方式的建筑；那些手稿、那些图画、那些读不懂的文字，还有不少当今艺术家制造的成品、非成品……我再不敢去研究，仅能去感觉、去想象被我们称为"人类社会的文明"。

　　如果真是幻想中的一个事实：一颗任意飘荡的行星入侵地球，把我们早已装饰好的文明砸得稀巴烂，以后的"人类"拾起这些碎片多少会有些惊讶吧？那是些野蛮的、高雅的、智能的原始人的设计，也许那一定是预设好的——文明的初始、人类的迁徙、战争的伤害、文化的对峙……这种还处于洞穴似的原始人至少存在于他们确定的编年史中最后的三五百个世纪？

　　能确定一个坐标把它安置在"奇点定理"还加上一个"熵"的概念吗？

　　如果宇宙精神需要这样？

　　这太玄乎，这太深奥，因为有好多事情远比去关心那遥远的故事和虚无缥缈不可知的未来更重要，让那些故事自己去发展，我们本来就生活在历史之中。现在让我们先做一件事：去旅行！——不要太伤神，太匆忙，找一处能喝茶、歇一歇，能酌口水酒、摆龙门阵的地方，闲散地把手边那些现成的文明碎片铸成体积，再重新融合进一个接近天顶、透明的、方尖塔的结构中去。

李新建

2019 年 11 月 20 日

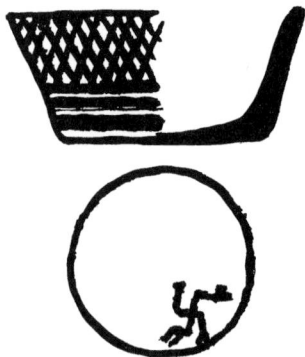

上 编

# 万 字 探 微

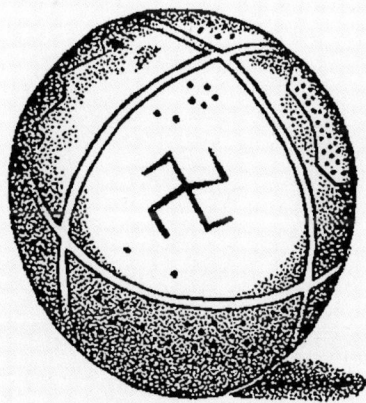

李新建 插图

黑铁时代

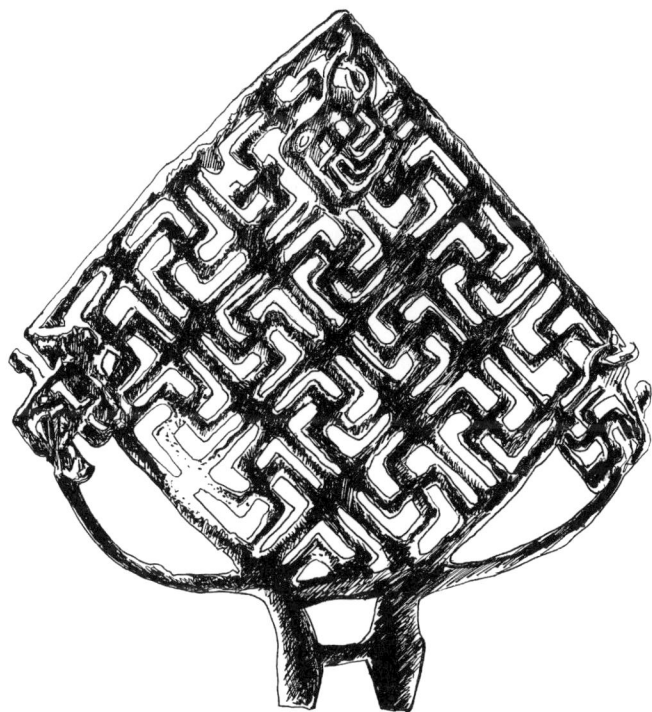

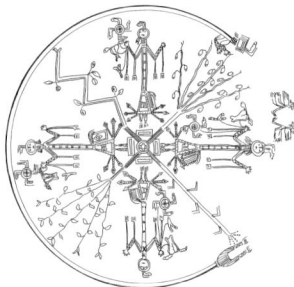

**万**字符：卍，具有左旋（卍）与右旋（卐），与人类文明一样源远流长。①

公元前8世纪的希腊著名诗人赫西奥德，描述了很久以前的黄金时代、白银时代，直到他生活在被他称为"黑铁时代"的悲惨时代。所谓"黑铁时代"，我在这里定义为：人类自从发明青铜器和随着铁器时代的到来，便开始了大规模、不间断的战争入侵，抢掠杀戮。从有史记载的公元前1700～前1500年和公元前1200～前1100年，二次蛮族对古代中东文明入侵，在这一连串相互征战中，巴比伦人、赫梯人、亚述人、波斯人，以及后来世纪中的马其顿人、罗马人、阿拉伯人和突厥人在古代中东这一地域建立了可夸耀的帝国，也许正是这些可夸耀的帝国争霸称雄和不断入侵的模式，一直持续到人类现代社会。

万字这个形象极为简单的符号，在不同的历史时代和不同的国家地域涌现极为复杂的暴力仇杀行为，它刻在刀剑上、画在盾牌中心……也曾涂抹在纳粹战机的尾部。

---

① 搜狐百科：万字符：有两种，卍（两个Z左旋）或卐（两个反Z右旋），都来源古老。第一卍形：是汉传佛教武则天以后时期（她以前是两种不分）和藏区雍仲苯教的吉祥标志。显现金光，如来佛胸前有卍字。中国唐代武则天定音为"万"，确定用左旋。义为"吉祥万德之所集"。"雍仲"是藏语对"卍"形符号的称呼。藏族民间至今还流行以"雍仲"一词为雍仲本教寺院名称或本教信徒的人名。第二卐形：是上古时代许多部落的一种符咒，在古代印度、波斯、希腊、埃及、特洛伊等国的历史上均有出现，后来被古代的一些宗教所沿用。在藏传佛教、蒙古佛教和韩国、日本等区域流行。

## 与战争相伴

　　纵观古代历史，耐人寻味的是，为什么史前的蛮族会对万字这个符号感兴趣？如果考虑到美索不达米亚是目前所知人类古代文明最早的起源地，公元前 7000 年，万字作为一种象征被两河流域一带的居民普遍使用。另一个事实是，公元前 3000 年中东广大地区进入文明时代，而入侵者是早已居住在这一地区周围的半文明的野蛮人，他们在征服过程中被文明所同化，万字象征的普遍性被他们所借用，不管是来自北面的入侵者印欧人或是来自南面的入侵者闪米特人都曾使用过它。例如公元前 2000 年，属于印欧人语系的赫梯人翻越高加索山脉进入小亚细亚，建立起一个包括叙利亚大部和整个小亚细亚的庞大帝国，虽然赫梯人未能在美索不达米亚立足，但他们崇尚万字符号，有证据显示，万字有一段时期是赫梯帝国的旗帜和帝国权力的象征。如果万字不是他们独创的，那么赫梯人一定是受到《圣经》上称为荷里特人的影响，因为荷里特人建立的米坦尼帝国在巴比伦帝国北面的亚述地区，他们接受了大量的美索不达米亚文化，并传播给赫梯人和周围诸民族。公元前 15 世纪，古埃及建立的十八王朝势力远至幼发拉底河流域，这一地域正是万字符号使用的传统区域。在同一时期，美索不达米亚当地土著推翻了米坦尼帝国，随后征服了喀西特人建立的第三巴比伦王朝，在美索不达米亚流域建立第一个亚述帝国，考古发掘证实这一地区是最早万字符号的起源地。

　　史前中东形成了三大强国，北方的赫梯帝国、南方的埃及帝国、东方的亚述帝国，但这种平衡也由于帝国的过分扩张被第二

次蛮族入侵浪潮所破坏，最终带来灾难性的后果。赫梯帝国和埃及帝国常年征战不休，财穷力竭，不得不从叙利亚—巴勒斯坦走廊撤走，帝国的衰败退却，为新的入侵者大开方便之门。闪米特族腓尼基人、阿拉米人和希伯来人进入这个地区。腓尼基人在地中海沿岸一带安家落户，通过海上商道使他们知道并且传播万字文化。阿拉米人定居叙利亚、巴勒斯坦和美索不达米亚北部，他们自然受到万字文化的影响，希伯来人也定居在叙利亚、巴勒斯坦，因为他们宗教的独特性，在历史上起着重大作用，万字符号曾镌刻装饰在他们的神庙和殿堂，也许由此祸兮福兮一直伴随着他们。

从公元前 1100 年第二亚述帝国的形成，到公元前 550 年波斯帝国庞大的领地由尼罗河扩展到印度的旁遮普邦，虽然在漫长的岁月中，统治者轮换不休，王国、帝国一个个崛起又衰亡，但文化、文明具有惊人的连续性这一事实始终没有改变。亚述人骄傲自豪的是，他们自觉地把自己看成苏美尔人和巴比伦人古代文化的保护者。今天我们对古代美索不达米亚的许多神话和伦理方面的知识，得益于亚述国王亚述巴尼拔搜集保存的数千块楔形文字泥牌。另一个事实是，早期的入侵并不是完全取代当地种族和完全改变种族分布，那时战争入侵是以同化为规则而不是以种族灭绝为目的；这在亚历山大时期体现得最为明显。不过在那些更早世纪和遥远的年代，蛮族对边缘文明区希腊、印度以至中国的入侵，却是灾难性和毁灭性的。一个回避不了的事实是，万字这个符号，不管作为矛和盾来使用，给中东和以后的人类世界留下的印记却是永久性的。

"黑铁时代"刀、斧、盾、矛开战的文明风度，与火药发明后造枪铸炮的现代战争的残忍程度远不在一个数量级。拿破仑在 1806 年仅用 1500 发子弹就打垮了普鲁士军队，赢得耶拿战役（Battle de Jena），这是当时战争的极限。然而进入 20 世纪，战争观念发生颠覆性变化，从 1914 年第一次世界大战开始，种种有关推进战争规模与烈度的武器、毁灭性杀伤武器出现了，种种集体杀戮、种族绝灭的可怕事实，已经完全超出前人可想象的地步。

英国史学家霍布斯鲍姆在描述第一次世界大战时写道："几百万人隔着沙袋彼此虎视眈眈。他们日夜在战壕过着人鼠同居的日子。将领们一再发出号令，一阵一阵钢铁风暴过后，战士们一浪一浪涌入无人地带继续前进，一直到敌人的机关枪将他们扫射倒为止。望而生畏的整个西线战场，恐怖残酷，到处是积水成潭的弹坑，堆积腐烂的尸体。仅这一战有 200 万兵员交手，死伤 100 多万人。西线战争以法国和英国部队为主，在两国更老一辈人民的印象中，这次大战才是真正的'大战'，远比二战惨烈多了。"[①] 第一次世界大战由德国和奥匈帝国组成同盟国，英、法、俄扩展成多国联合的协约国，在 4 年的战争中，尤其是使所谓的"西线"成为人类史上前所未有的杀戮战场。

毋庸举例说明，第二次世界大战的规模使全世界的独立国家无一幸免，而这场战祸的直接挑起者是希特勒治下充满仇外情绪的纳粹法西斯德国，这些极右派阵营充满"心理颠狂症"的党徒，其病症中更阴暗的后果是：为什么不再来场战争？希特勒在 1925 年出版了《我的奋斗》，有人称之为"当代蛊惑人心之杰作"，该书成为法西斯纳粹德国即所谓第三帝国在 20 世纪灭绝人性的罪

---

① 见霍布斯鲍姆《极端的年代》，江苏人民出版社，1998。

行录。美国历史学家诺曼·卡曾斯在论述该书蛊惑人心的谬论与第二次世界大战惨重后果的关系时指出："每一个字，使 125 人丧失了生命；每一页，使 4700 人丧失了生命；每一章，平均使 120 万人丧失了生命。"希特勒或许听说过，战争曾将罗马改造成一个伟大的帝国，但是他选用"卐"这个图案标记，伙同意大利和结盟的日本相互订立的一连串盟约，导致没有极限、无所不用其极的残酷战争，其结果非但没有让他所梦想的纳粹德国第三帝国称王称霸统治世界，反而使他和他同伙被彻底摧毁。当盟军炸毁了希特勒纳粹法西斯党部悬挂的"卐"这个标记，进而两枚原子弹在广岛、长崎爆炸，日本宣布无条件投降，法西斯纳粹帝国不复存在。

欧洲国家的历史中，灾难性的战争都与民族纷争分不开。在不同历史时期，不同种族间暴力冲突和不同地域间血腥对抗期间，万字符号事实上起着印证历史的某些作用。回头看看人类社会，从原始人类战争的开始，演变到现代社会大大小小延续不断的战争，万字符号或许更像一个"符咒"。

环境更迭，岁月流失，人们对历史的记忆逐渐淡漠，也许这种情况可以用来理解人文主义者乔治·桑塔亚纳（George Santayana）的那句名言："那些忘记了过去的人被谴责去重新追述历史，而那些记得过去的人则显然会卷入更多的争论。"不过，有关战争的起源同万字有多少联系，并没有人研究过，对此的追究也许需要更多的考古发现来证实。关键的问题是，今天的现代战争已经演变成了一种产业，不管是区域性的或是全球性的，寄生于人类社会的战争是否同万字有关？无论如何，当人们陷入战祸兵燹，都会深感那是文明的末日。在世界的很多地方，人们可以不停地去祈祷和平，但还要看有无运气能否逃脱浩劫。

# 篱笆旌旗

《圣经》和亚述以及古代埃及史料中提到的赫梯帝国，在埃及发现的公元前 14 世纪的外交信件中，已明确无误地将其标在古代近东地图上。青铜时代的赫梯文化，1906 年之后被人们所知晓，这归功于考古学家胡格·温克雷（Hugo Winkler）在哈图沙的发掘结果。在此之前，19 世纪欧洲一些搜集古物的旅行者和业余考古者亦有报道。在安纳托利亚中部和东部，发现巨大的古建筑废墟，法国人查尔斯·泰西尔（Charles Texier）声称那是居鲁士时代的古战场，这显现了当地存在先前未曾料到的古代文化。

赫梯人是冶金专家，公元前 2500 年就掌握了"点石成金"的技术。当你第一眼看见这个青铜铸造成如篱笆式样图形，如果不是感到它潜在的威慑力，也许首先会想到，这是个古代的烧烤炊具或是个捞饺子的篱笆漏勺？其实，这是一面赫梯人的青铜旌旗。青铜冶炼技术的工艺发明，并不仅仅是用来做装饰品。虽然在那些年代，赫梯人的金银器具上凿有万字这个符号，赫梯帝王的锦袍上也装饰有万字这个图案，用青铜铸造的旌旗更足以证明，万字是赫梯帝国权力的象征。

在 1920 年划定的土耳其南部和叙利亚北部边界地区，赫梯帝国遗址留下许多古代建筑、雕刻、记铭和楔形文字泥板，令人颇为遗憾的是它们遭到毁灭性的破坏。英国考古学家伍德写的故事是令人伤感的："一位驻守在杰拉布鲁斯的土耳其军官决定移走这些石头……许多浮雕被打碎，其余的被装上火车车皮，但这是拉去垒筑堤坝。"

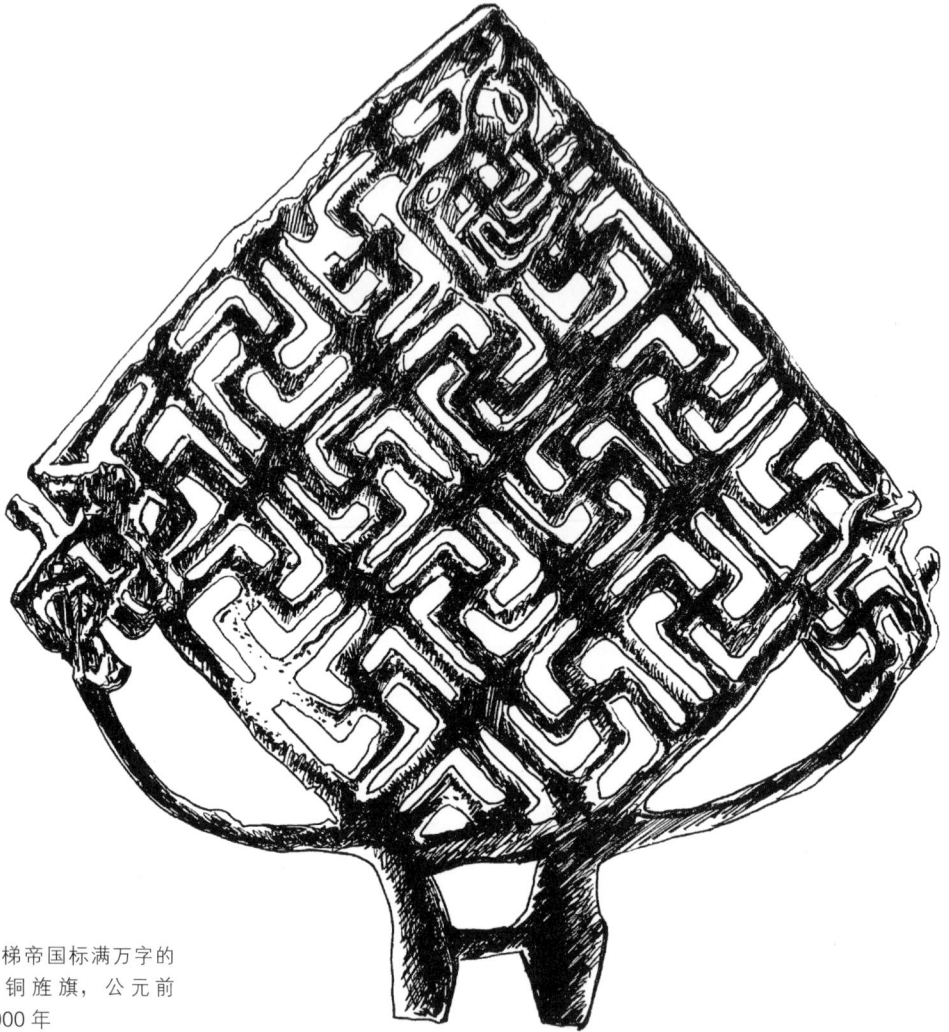

赫梯帝国标满万字的
青铜旌旗，公元前
2000 年

　　赫梯的最初位置在小亚细亚的东部高原。大约在公元前
2000 年属于印欧语系的赫梯人进入这一地区，与原住居民赫梯
人融合。公元前 18 世纪至公元前 15 世纪，赫梯以和哈图斯为
中心，进入城邦盟联阶段，建立了赫梯古王国。约公元前 16 世
纪初，赫梯人灭古巴比伦王国。在公元前 15 世纪初，赫梯人曾
败于埃及的土特摩斯三世，被迫纳贡。公元前 15 世纪中期到公

元前 14 世纪，赫梯开始强盛起来，进入了新王国时期，建立了包括叙利亚大部和整个小亚细亚的强大帝国。公元前 14 世纪，赫梯帝国与埃及帝国、亚述帝国相互争霸，形成三足鼎立的局面。赫梯人差不多在长达 10 个世纪的戟枪、兵车行进的历史中，他们同埃及人、巴比伦人、叙利亚人年年征战不休，相互吞并，又彼此分裂。随着帝国的衰亡，黑海和里海的之间古代的赫梯人，在公元前 1000 年因被亚美利亚人征服而雅利安化，赫梯人的业绩随着消逝掉的记忆被彻底抹去。但战争的进程没有停止，残存在西里西亚和叙利亚北部的赫梯人诸城邦，到公元前 800 年被亚述人全部捣毁灭绝。今天这些听起来像是一个远方的灾难，但青铜时代建立起的那些帝国权威，至今还影响着全球文明进程。

## 赫楞人先偷渡爱琴海

从达达内尔海峡到小亚细亚海湾，从伯罗奔尼撒到克里特岛，从一个岛屿航行到另一个岛屿，捕鱼、抢劫、逐岛进行小买卖、部落迁移、建立村宅，克里特岛守卫着爱琴海文明养育的波涛，享受了近千年文明。直至今日，在地中海被移民潮席卷成为人口最密集的"内陆湖"之前，爱琴海上大大小小的岛屿，实际上就像一个布满踏脚石的小水湾，这无疑为史前游牧部落和后来人的迁移、入侵、偷渡准备了最好的地理条件。

希腊历史学家修昔底德曾记录了雅典的衰落，但他在对古希腊人的描述中，认为这些先人"不足挂齿"。因为这些先人是能迁移就迁移，不能迁移就偷渡，不能偷渡就强行入侵。抢掠、烧

古代希腊花瓶残片局部，迈西尼士兵进攻克里特岛，公元前 7世纪。盾牌上绘有旋转的万字图形

杀、捣毁，他们实实在在是强盗、暴徒和杀人犯。

公元前 2000 年至公元前 1200 年前后，属印欧语系的雅利安人由多瑙河平原向南入侵希腊的亚该亚人（又称赫楞人，有新的证据显示，他们也许是由小亚细亚北部渡爱琴海入侵），分三批入侵希腊半岛的中部和南部，从色萨利到伯罗奔尼撒半岛南端建立了许多小王国，大肆屠杀半岛的原住居民（佩拉斯吉人）。而另一支印欧语系入侵者迈锡尼人，在不间断地打击、进攻赫梯人之前的两三个世纪里，就建立了可怕的海盗式海上武装力量，他

追杀、格斗、逃亡，
盾牌上绘有万字。双
耳尖底瓮花瓶局部，
古代希腊，公元前 5
世纪

们在公元前 15 世纪攻占、抢掠、摧毁克里特岛，使伟大的米诺文明彻底灭绝。具有惩罚性的也更可悲的是，公元前 1200 年，新入侵者多利安人使迈锡尼人遭到克里特岛人同样的命运，整整 400 年，无论是爱琴海、希腊本土或是希腊大部分岛屿都堕入黑暗时代。

可以想象，正是古希腊人的这些所作所为使修昔底德难以启齿。

黑暗时代的歌咏者荷马，弹唱着战争的荣耀与多利安人一起南下，万字这个符号衍生于荷马歌颂的那些先人的丰功伟绩中。

公元前 8～前 6 世纪诸城邦崛起，希腊人在撰写希腊神话、祭奉太阳神的同时又开始进行大规模的海外殖民扩张。

## 阿波罗的微笑

希腊神话中，阿波罗是最重要的神祇之一，希腊艺术也一直以阿波罗为中介。

关于阿波罗的神话来源有不同的说法。

一种理论认为，阿波罗的传说最初可能流传于希腊北方，因为北方的许佩尔布波里亚人对阿波罗的信仰甚为普遍而悠久。

另一种不同的理论认为，对阿波罗的崇拜可能来源于小亚细亚，不少证据显示：（1）特洛伊战争中阿波罗站在特洛伊人一方。（2）阿波罗的一些重要神庙都在小亚细亚。（3）有的学者认为，"阿波罗"一词来源于小亚细亚语，有"门"的意思，是守护家庭和城市的门神。

对阿波罗最初来源的图腾考证，证明其还有别名"狼""鼠"等，阿波罗被视为牲畜和庄稼的保护神。在雅典和希腊另一些城市，阿波罗又被奉为路神和航海神。在古代诗歌中，阿波罗又有一个别名"福波斯"即"光亮的"，而阿波罗作为战神，在希腊贵族中间也颇为有名，因为阿波罗的神光——太阳烈焰——金箭，可以自远处使人遽死，这也许证明了在古老的祭拜中，阿波罗已经是太阳之神，光明之神。种种有关阿波罗神话的早期内涵虽然还模糊不清，有一点是肯定

阿波罗战车，盾牌上
的图案是太阳的象征。
四个万字图案，在战
车车轮的四分圆上。
人类学博物馆，巴黎

的，其原始信仰和坚定的意志，是以军事手段为基础的。

发掘地下隐藏的历史，烟尘中弥漫着血腥的信息，阿波罗战车轮上闪烁着耀眼的神光——太阳烈焰与金箭暴虐。梯林斯的居民和迈锡尼人大逃亡，从阿尔戈利到伯罗奔尼撒的城邦被遗弃，野蛮的多利安人抢掠、洗劫、烧杀，克里特——迈锡尼文明的终结，断壁残垣掩埋住那些破碎的陶罐，氧化的青铜饰片，冷峻的偶像，废墟瓦砾堆里显露出多利安人入侵时期战神阿波罗面带诡谲的微笑，整个希腊半岛都笼罩在死亡的寂静中。谁最早跟随着荷马的唱腔，去朝拜过神庙、祭坛，随后把希腊和小亚细亚、特

洛伊、迈锡尼翻了个遍？听见爱琴人的人声鼎沸，发现大火灰烬后遗留下的阿伽门农金面具，这似乎寻回希腊历史陷入黑暗时代之前众神的辉煌。

公元前5世纪开始，人们在阿波罗祭坛前安置了雄狮和骏马，向阿波罗呈献的贡品是月桂和棕榈，雕塑家们更尽其才能，把阿波罗塑造得高大、健美，或是弹着竖琴、裸体坐式的浪漫青年，祭奉在新的神庙里。围绕着新神庙的四周，是支撑着这宏伟建筑穹顶额枋的女像列柱，她们婷婷玉立，生长着双翅，典雅神秘，仿佛在引导人们走向太阳的圣殿，诱惑人们进入陌生的大门。

士兵藏在万字盾牌后躲避攻击。意大利，巴司度姆，昂得赫斡洛墓冢壁画，约公元前330—前320年

在历史与神话之间，人类的存在需要无限的想象力。归结为性格根源上的种种热情引你遐想：被安放在太阳神战车上的希腊精神冉冉升起；在荷马史诗篇里，回荡着由被征服者收集到的亡灵余音。

# 为海伦亡命

海伦是宙斯的女儿，伯罗奔尼撒的丰产和光明女神。她年轻的时候被忒修斯和皮里托俄斯劫持到阿提卡。当忒修斯不在时，她的哥哥把她救出来带回斯巴达。海伦回来后，许多希腊英雄向她求婚，海伦名义上的父亲把她嫁给墨涅拉俄斯，并根据奥德修斯的建议，得到其他求婚者的保证：他们永不反对海伦的丈夫，而且要在各方面帮助他。

米耳冬族之王佩琉斯同海洋女神忒提斯结婚，请了全部神祇参加婚礼，却偏偏忘了女神厄里斯，这位专门拨弄是非的女神大为不满，就在宴会上投下一只金苹果，上面写"赠给最美丽者"。阿西娜、赫拉和阿佛罗狄忒都想得到这个金苹果，相互争执不下，连宙斯也不能解决，就让她们去伊达山找帕里斯评判。帕里斯把金苹果判给了爱神阿佛罗狄忒。作为酬谢，阿佛罗狄忒帮助帕里斯拐走美妇人海伦。

帕里斯和美妇人海伦回到特洛伊。墨涅拉俄斯得到阿加门农的帮助，组成希腊联军，远征特洛伊。

海伦使特洛伊战争充满激情。许多希腊神话中的著名英雄参加了这一战争，如狄俄墨德斯、奥德修斯、涅斯托尔、阿喀琉斯等。在阿加门农的女儿向阿耳忒弥斯献祭之后，希腊军队才顺利到达特洛伊海岸。希腊人派墨涅拉俄斯和奥德修斯前去，想通过

帕特罗克斯死于赫克
托尔之手。几何装饰
纹，卷草花和万字图
案。陶盘，约公元前
640 年。伦敦大英博
物馆

谈判把海伦要回。看来是帕里斯并不想归还美妇人，而且海伦也不想回去。希腊人谈判失败后开始围攻特洛伊，战争持续 9 年。尽管特洛伊人人数不到希腊人的十分之一，特洛伊城却久攻不下。因为这是众神的争斗，神祇们也分两派各助一方。阿波罗在希腊军营降下瘟疫，帕特罗克斯死于赫克托尔之手，阿喀琉斯杀死赫克托尔，接着阿喀琉斯也被帕里斯用箭射死。菲洛克忒斯用赫刺克勒斯的弓箭射死帕里斯，墨涅拉俄斯杀死欧福耳玻斯。帕里斯死后，海伦又嫁给了帕里斯的兄弟伊福玻斯。特洛伊失陷后，海伦又把伊福玻斯出卖给墨涅拉俄斯，并和墨涅拉俄斯重修旧好。

这场战争遍及小亚细亚和爱琴海沿岸，以及后来成为整个"希腊世界"的地区。阿哈依亚族的征伐，爱奥尼亚人的移民，多利安人的入侵，迈锡尼文明的瓦解，史实与神话交织，征伐与迁移相联。后人撰写特洛伊战争，把这段历史变得富有诗意而魅力无比。这毕竟是英雄的史诗，而更多的人，不是从地中海的这一头逃跑到另一头，就是躲藏在孤零零的荒岛，或是徒步在空无人烟的荒凉地带绝望地死去，几乎没有哪一处躲得过这场灾难。

# 罗马与迦太基百年大战

腓尼基位于地中海东岸，南接巴勒斯坦，北邻小亚细亚，在公元前 3000 年，说塞姆语的迦南人迁入此地，因盛产紫色颜料，希腊文献称其为腓尼基，意思是"紫色王国"，罗马人称之为"布匿"。

腓尼基人虽不是最早的航海者，但确实是最有经验的海上漂泊移居者。腓尼基人终日下海远航，探知未知的港口，他们被商

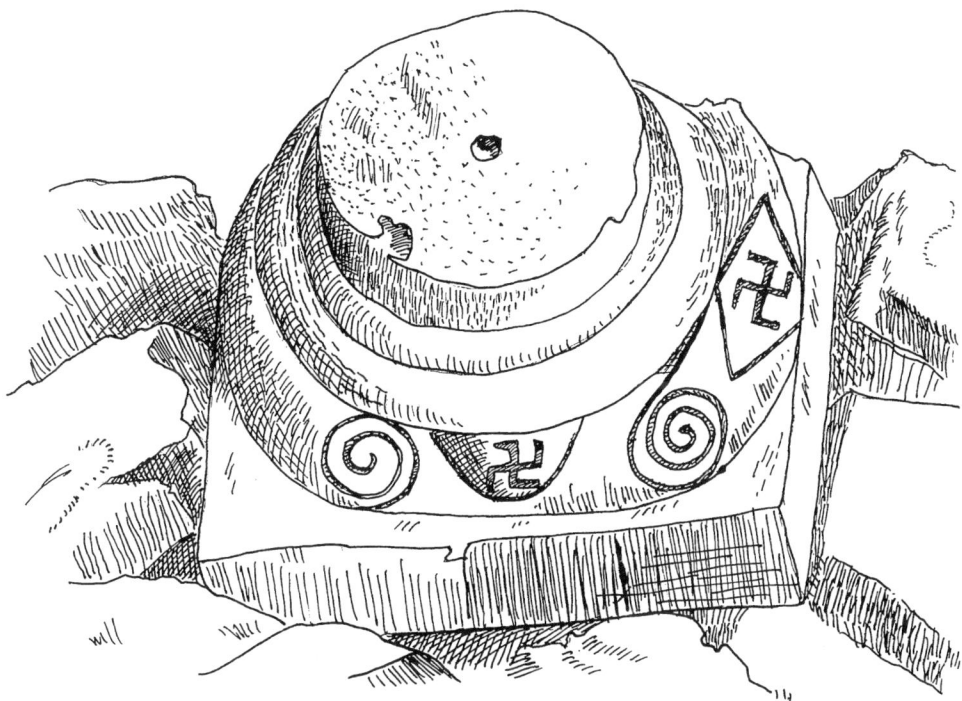

石头残片上的万字装
饰纹样。古代罗马废
墟，阿尔及利亚。公
元前 2 世纪

品交易的意识激发出无数热情，却无暇静思默想。他们混杂于地
中海各居住地之间，到处兜售那些仓促模仿的雕像、玻璃制品、
陶罐、小首饰，以经商谋利。腓尼基商人什么都做，贩卖奴隶，
拐卖人口，同时从事海盗活动，他们既是掮客，又是中间商。这
些漂泊移居者的造船业很发达，他们制造快船，使用海盗式武装
手段，到处建立殖民地，扩展商业据点，独霸地中海地区的海上
贸易，几个世纪里无人能与之争锋。今西班牙、阿尔及利亚包括
突尼斯及北非地中海沿岸一带，在史前的地图上都是腓尼基人的
殖民地。

为争夺海上商业利益，腓尼基各邦相互争权自行称霸，同时
又引来了邻近大国的讨伐。公元前 2000 年，埃及控制了腓尼基

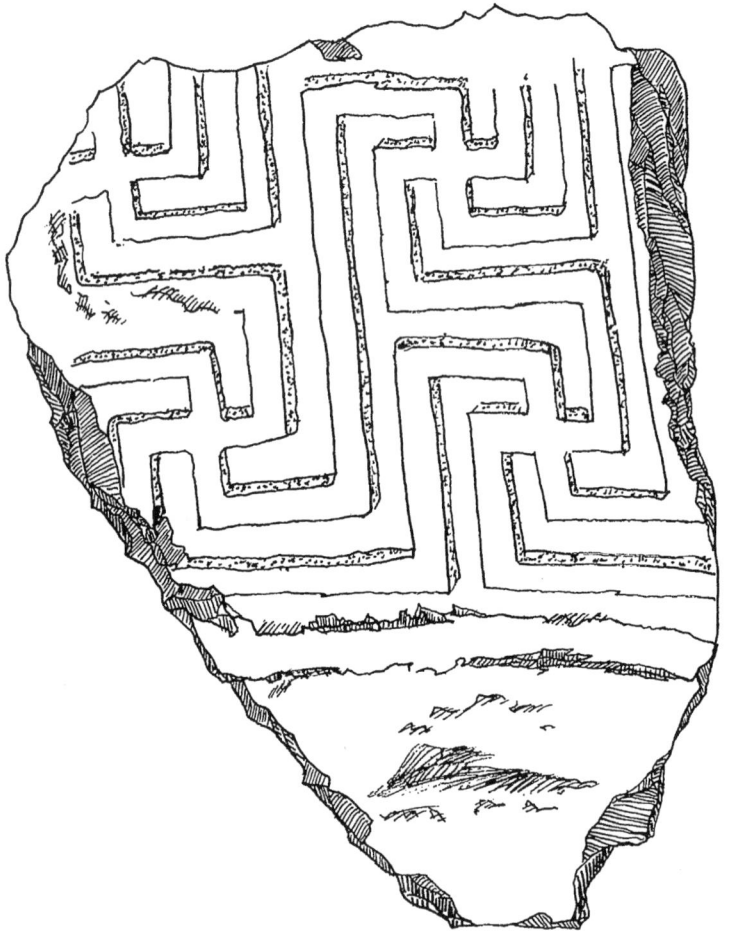

柱底座上刻有两个万字。古代罗马废墟，阿尔及利亚。公元前2世纪

各邦，随后腓尼基北方被赫梯人征服。腓尼基人四处扩散，亚历山大于公元前332年灭提尔时，腓尼基人脱离母邦，发展成一个完全独立的强大国家——迦太基。

迦太基人控制了非洲西北部、西班牙南部、科西嘉岛和西西里岛后，使新兴的罗马帝国深感恐慌，它们一个是海上强国，一个是陆上强国，战争不可避免。公元前264年，由墨西拿事件引起的第一次布匿战争爆发，罗马人击败腓尼基海军，兼并整个西西里岛和科西嘉岛、撒丁岛。公元前218年，腓尼基人由少年将军汉尼拔率军越过阿尔卑斯山，主动进攻意大利，在意大利本土进行了长达 15 年的第二次布匿战争。由于腓尼基人的内部叛乱，加之罗马人猛烈反击，迦太基人投降求和，汉尼拔饮鸩自尽。

迦太基人求得 50 多年的和平，逐渐恢复了昔日的繁荣，这又引起罗马人对迦太基人的仇恨和猜疑，罗马人开始第三次布匿战争，围攻迦太基城。公元前 146 年，迦太基城失陷，罗马人屠城 6 天，竭力破坏焚烧城市，把迦太基战败剩下的居民卖作奴隶，兼并其所辖领土，使之成为罗马的"阿非利加省"。布匿百年大战，迦太基人的历史最终以灾难性的毁灭而结束。罗马人虽然胜利，但捣毁的建筑石墩上残留的万字，埋下那次战争带来的创伤和敌对观念，一直错综复杂地影响着今日犹太人与非犹太人的纷争。殊不知直至今日，腓尼基人留下的拼音字母同时伴随着迦太基、罗马时期的遗迹，被后人继承，历数着战争、征伐和劫掠。

## 蛮族战士日耳曼人

朱利乌斯·西泽所描写的住在北欧一带的日耳曼人，已经很具有冒险性和扩张性。在西泽撰写的随军日记中，对他们多带轻蔑之意，称那些黄头发、蓝眼睛的日耳曼人是蛮族。而在 10~14 世纪，德意志的扩张形成条顿骑士指挥的十字军东侵。

日耳曼人分为东、西日耳曼人，东日耳曼人主要是指哥特人、达尔人和伦巴德人等，西日耳曼人包括撒克逊人、苏维汇人、法兰克人。3~4 世纪，日耳曼人日益频繁进攻罗马帝国的疆

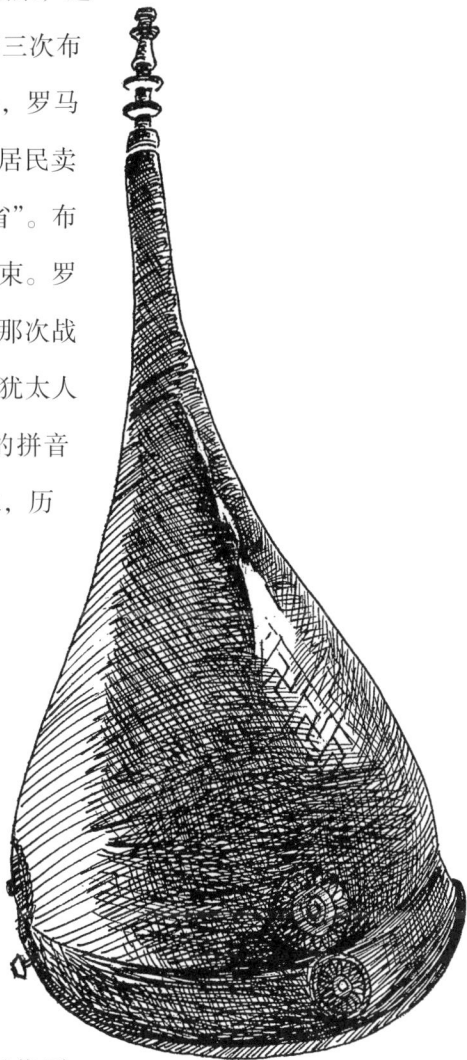

青铜头盔刻琢有万字图案。高卢罗马时期。圣热赫曼博物馆

域，罗马帝国采用"以夷制夷"的手段，雇用日耳曼人充当罗马军队的辅助部队。蛮族战士慢慢取代罗马人的指挥官，许多蛮族战士在罗马军队里晋升到很高的位置，西罗马军队的最高司令官也经常由日耳曼人担任。罗马帝国政府可能不了解在日耳曼人的观念里，可以通过流血的方式获得的东西，就不必用流汗的方式来获得，而且罗马皇帝错误地忽略了早在青铜时代日耳曼人戳刻在矛枪上的万字里潜藏着颠覆的危险。

　　4 世纪后期，日耳曼人对罗马帝国的缓慢渗透，逐渐变成了疾风暴雨式的大入侵。虔诚皇帝瓦伦斯首先同蛮邦西哥特人发生冲突，西哥特人并不感谢这位皇帝曾经接纳他们，反而凌辱和背叛他。瓦伦斯皇帝亲自率领大军与西哥特人兵戎相见。在公元

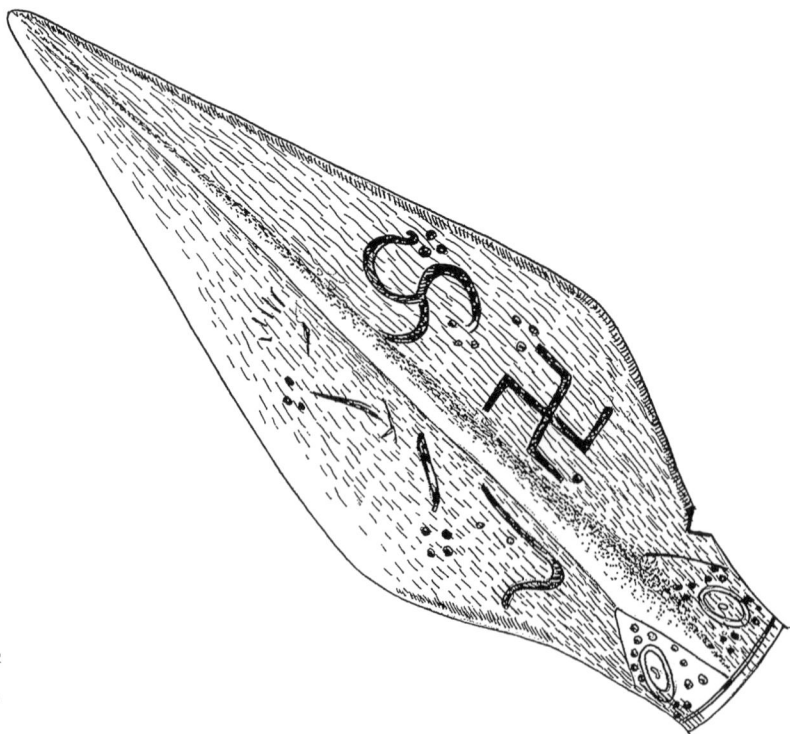

矛箭的锋面刻有万字
图案和点。青铜时代，
勃兰登堡，德国

378 年的亚得里亚堡战役，罗马帝国军队被蛮族战士日耳曼人全部歼灭，瓦伦斯皇帝被活活烧死在茅屋之中。

公元 5 世纪，罗马帝国的领地在欧洲全境都被野蛮民族所瓜分。曾经繁荣在早期帝国的意大利和巴尔干半岛、西班牙、法国等战火燃烧，生灵涂炭，市道萧条，瘟疫流行，土地荒芜。野蛮民族入侵这些地方如入无人之境，在被征服的地区，入侵者如果是半开化的野蛮民族，就和被征服的地方签定妥协条约，分享权力，与原驻地居民交往、通婚，也学说拉丁语。不过英格兰岛显得例外，朱特人、益格鲁人、撒克逊人组成海盗团伙和斧头帮，把罗马不列颠省的罗马化居民几乎全部驱赶，他们在那里建立了永久性的居留地，用自己的条顿语替代原有的语言，这种方言逐渐形成了现代的英语。

公元 410 年，"永恒之城"古都罗马被西哥特军队攻陷，加速了千年帝国的灭亡，日耳曼人在罗马帝国疆域的废墟上建立了一系列蛮族国家。

## 维京人打劫巴黎

从冰岛、挪威及斯堪的纳维亚一带到丹麦海岸，大大小小的岛屿连着阴森的海沟，孤岛下藏着的暗流形成一片危险的海域。古代的维京人躲在那些零零散散的孤岛上打造海盗龙骨船，他们不想捕鱼时就去干海盗行径。他们发现了冰岛和格陵兰，还游弋到了美洲，他们使用带有镶银的万字符号钢剑，把冒险活动的范围扩大到英格兰、爱尔兰一带海域。这些海上霸王又被称为"诺曼人"，意思是北方的人，他们具有独特的打劫技能，可以不断

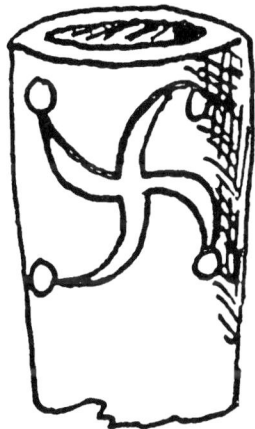

维京人使用的剑柄上刻有不同变体的万字符号

地改进船只，不断地延长航程，更加肆无忌惮地进行抢掠。公元9世纪初，维京人溯莱茵河而上到了科隆、美因茨，随后找到赛纳河的出海口逆行而上，至少对巴黎进行了9次抢掠破坏。

圣日耳曼德雷普隐修道院修士阿邦曾目睹记录了维京人围攻巴黎的情景："太阳红彤彤的光芒倾洒大地，这时诺曼人正忙着在圣日耳曼勒隆（即现在卢浮宫对面的圣日耳曼奥赛）建造营地，营地的工事上堆满了木桩、石头和土。然后，这些野蛮人有的骑马，有的步行，经过山岗和田野、森林、开阔的平原和村庄，他们遇见幼儿、青年、白发苍苍的老人，不论是父亲、儿子或是母亲，都宰尽杀绝……在激烈的混战中，巴黎岿然不动，傲视落下的箭镞。"

历史学家和考古学家如果想要在英格兰找到9世纪前的建筑实物将非常不易。维京人853年开始入侵英格兰，那里成为受害最严重的地方，他们把那里的大多数教堂摧毁夷平。当时在毁灭的教堂前，常常听见教徒悲切地呻吟、祈祷："上帝啊，把我们这些人从那些北方人的惩罚中拯救出来吧。"

维京人海盗式的进攻持续了很长一段时间，他们从波罗的海跑到黑海，甚至抬着船走陆路，去对抗斯拉夫人。东罗马皇帝招聘他们做贴身卫士，他们在西班牙、意大利和非洲海岸及世界其他地区征战，在西西里抗击阿拉伯人。911年，法国国王查理三世和维京人达成协议，建立诺曼底公国。有意思的是，来自诺曼底的维京人后裔，最终打败了对基督教西方造成巨大威胁的伊斯兰势力。

在一个世纪多的时间里，随着扩张取得的业绩，维京人成了欧洲最富有生气的力量。1066年他们征服了英格兰并在那里定居下来。北欧海盗时代所有的光荣，受到罗马教皇的庇护，这些有用的野蛮人使用的剑柄上也刻有不同变体的万字符号。

维京人石碑上雕刻的
骑士盾牌有变体的万
字符号

## 新大陆脆弱的良心

　　早期的殖民主义作家描写开拓资本主义新疆域的故事，开头总是讲：向西航行有片广袤的土地，隔开了欧洲的海洋和亚洲的海洋，殖民者是如何经过千辛万苦发现了新大陆，最终找到了新的财富。这段离我们并不太远、充满铁血与荣耀的征服史，不乏被时间流逝而遮掩住的历史劣迹。如果仅仅是少数清教徒，为了虔诚的信仰躲避宗教裁判所残酷迫害而逃亡实施的移民计划，也许在 500 年后的今天，印第安人和他们还一同共享那片遥远大陆荒原上的自由闲暇。

　　继西班牙人之后，载满英国冒险者的船只，也到达了美洲海岸。

　　英国殖民者就像残暴杀害阿兹尔克人的西班牙将军科尔特斯一样毫不留情。1637 年，他们围攻派夸特部落，围剿、杀戮，把包括妇孺在内的四五百名印第安人活活烧死。不同的印第安部落联合起来反抗狙击白人的入侵，有的印第安人举着万字盾牌企图阻挡白人射来的子弹，然而，一个个印第安人部落被灭绝。殖民者不会意识到万字对印第安人的意义，枪炮中倒下的印第安人，在殖民者的眼里，就像一群跳着怪异的宗教舞蹈的献身者。

　　为了寻找美洲遍地黄金的梦想蜂拥而至的新移民，不断蚕食印第安人的土地，印第安人挡不住白人攫取土地贪婪的野心，在反对白人侵略的战斗中，画有万字符号的盾牌是不堪一击的，殖民主义者毫不关心印第安人种群和部落的濒于灭亡。面对这种毁灭性的灾难，印第安人除了捶胸顿足，哀号不止，一切反抗都徒劳无效。在西雅图的一位酋长代表 6 个部落无奈地同意迁入"保留地"，发表了一份有节制的、悲哀的、庄严肃穆的投降书，他祈求白人尊重印第安人的文明，他说一个民族取代另一个民族犹如大海一浪推一浪无法抗拒。

　　当美国完成了扩张，个别有良知的美国人批评美国政府对印第安人的政策是美国的"百年耻辱"。今天在曼哈顿和其他地区修建的印第安博物馆，保留性地展示在"保留区"和"保留区"之外已消失掉的印第安文化，似乎企图维护新大陆殖民者脆弱的良心。

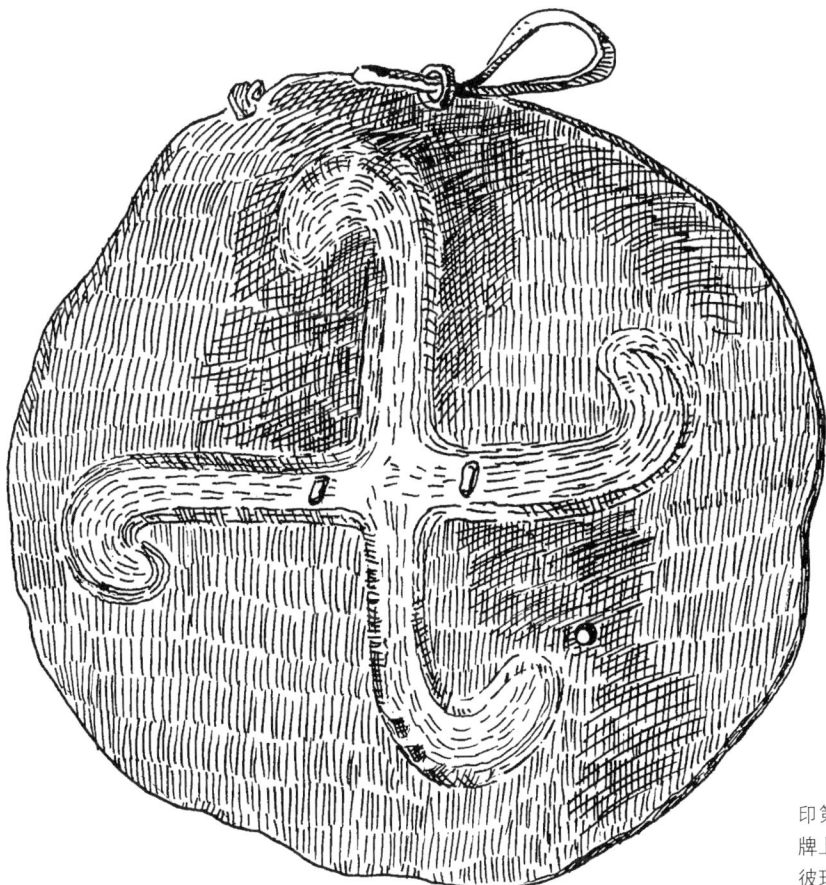

印第安人作战用的盾牌上装饰有万字图案。彼玛，印第安人部落

# 种族主义学家与纳粹法西斯头子

1927年，《人民观察家报》在报道一个英国人的死讯时说，德国人民失掉了"一个伟大的武器制造者，他所制造的武器在我们这个时代还没有充分应用"。

这个种族主义学家、为20世纪灾难性历史提供理论基础的"伟大的武器制造者"名叫豪斯顿·斯蒂华·张伯伦，他1855年生于英国朴次茅斯，父亲是一位英国海军上将，小时候他体弱多病，家里送他到法国和日内瓦受教育。15岁时一个名叫奥托·孔策的人担任他的家庭教师，孔策是一个最普鲁士化的普鲁士人，这位家庭教师把崇尚铁与血的普鲁士式的武功以及贝多芬、歌德、尼采、席勒、瓦格纳的哲学思想和艺术思想深深打入了张伯伦的心灵。特别的教育和有别于英国拘谨保守的生活方式，使张伯伦对德国一直一往情深。19岁时他疯狂爱上一个比他大10岁而且极其神经质的普鲁士女人，1905年他却与他崇拜备至的神经质的妻子离婚。三年后娶了爱娃·华瓦格，最终成为理查德·瓦格纳的女婿，1916年他归化为德国公民。

张伯伦博学多才，写了不少德语著作。他写了论述有关贝多芬、瓦格纳、歌德、康德，以及与基督教义和种族主义相关的著作。据他自己讲，这些书都是在一种可怕的热病袭击下，在一种神智昏迷的状态中，一种自我陶醉的境界里写成的。希特勒传记的作者、反纳粹的德国作家康拉德·海登的看法有代表性，他虽然对张伯伦的种族学说所造成的恶劣影响深表遗憾，但仍然称张伯伦是"德国历史上具有惊人才华的杰出思想家之一，是知识和深刻思想的宝库"。

张伯伦 1897~1898 年在维也纳写成《19 世纪的基础》，这是一部长达 1200 页的巨著，此书影响德国纳粹思想演化，为纳粹党人提供了种族谬论的思想武器，一出版便轰动一时，营销 25 万册，使这个神经质、古怪的英国人一举成名。张伯伦认为，历史的关键，即文明的基础在于种族。要了解 19 世纪即当代世界现象，人们必须首先要考虑到古代遗产，即希腊的哲学和艺术，罗马的法律，基督的人格。文明遗产的继承人也只有"两个血缘纯粹的种族"犹太人和日耳曼人，以及张伯伦称之为"各种民族的大杂烩"的拉丁人，不只是日耳曼人才配继承这份遗产。他说："有人说是野蛮的条顿人造成了中世纪的黑暗，这种说法是不确实的，相反，这个黑暗的历史之夜是垂死的罗马帝国所造成的人类不讲种族血缘的大混杂，在思想和精神上的破产后降临的灾难，要不是条顿人，全世界就会笼罩在永恒的黑夜中。"张伯伦声称，犹太人和日耳曼人是西方仅有的血缘纯粹的两个种族，但是，他在论述分析犹太人时，又承袭罗马时期开始的上千年来对犹太人污蔑和诽谤的老套路，陷入自相矛盾又非常庸俗低级的反犹主义中。

希特勒把张伯伦看成一个先知，早在 1923 年希特勒就拜见过他。而这位半身不遂、身患重病的哲学家对留着卓别林式小胡子夸夸其谈的奥地利人，也钦佩得五体投地。

法国文人兼外交官戈平瑙为张伯伦所钦佩，他也是第三帝国的历史根源和思想根源之一。此人于 1853 年到 1855 年在巴黎出版了四卷《人种不平等论》(*Essai sur I'inéyalitédes Races Humaines*)。戈平瑙和张伯伦，一个法国人，一个英国人，他们游历四方，博学多才，以他们的学者身份，创造出了极其荒唐的种族理论。这种理论在他们本国并没有什么市场，但他们的理论却对德国人的纳粹思想导向和纳粹第三帝国的形成起到了决定性的作用。

希特勒兼收并蓄了西方的思想家和19世纪德国思想界各种不负责任、狂妄自大和乱七八糟的思想，只要有机会，他就决心要把这些思想付诸实现。1927年纳粹党处在最暗淡的时候，希特勒参加了张伯伦的葬礼。不久之后，张伯伦这个归化的英国人所制造的理论武器很快得到充分应用，而且带来了可怕的灾难性的后果。在德国历史进程中，最令人诧异和奇怪的事件之一是，豪斯顿·斯蒂华·张伯伦——他的一生和他的著作，促使、导致第三帝国的兴起和覆亡。

有待查证而且至今使人们感兴趣的话题是，希特勒为什么要使用"卐"这个图形为纳粹党的标记？希特勒在他的代表作《我的奋斗》中没有明确的解释。有的学者认为，幼年时代的阿尔道夫·希特勒居住过的兰巴赫镇，这可能对他多少有些影响。在兰巴赫镇，保存着许多古老的教堂，其中有一座建于公元11世纪的本笃派大修道院，希特勒进入本笃派修道院学习了两年。在修道院的过道上、石井上、修道士的座位上以及院长外套的袖子上，都装饰有卐字纹。希特勒的家坐落在修道院附近的拐角处，每天他从家里的窗口，都可以看见卐字的图案。上学时，他在校园内对万字纹的观察了解更深入一步。修道院院长西奥利多赫·冯·汉根把卐字纹视为自己名字的双关语。希特勒曾回忆说："教堂里的庄严，豪华、灿烂的庆典一再令我欣喜若狂，崇拜修道院院长，把他看成我最崇高、最渴望的理想。"幼小希特勒的

赫茨菲尔德作品：大鱼的口食。
1930 年 9 月 14 日纳粹党获得有六百万纳粹选民支持者，一跃变成德国第二大政党。

愿景，是有朝一日能参加修道士行列，最终升为院长，对所有修道士拥有至高无上的权威。

1909 年至 1913 年，希特勒来到维也纳，想做一位艺术家，但没有成功。他从小潜伏在心里对至高无上的权威的野心，加之抹不去的出人头地的狂想，促使他去了德国，计划谋取政治方面的发展。

1920 年，希特勒为他的政治团体炮制了这样一个标记：红底白圈圆心中间嵌个黑色"卐"标记，作为国家社会主义德国工人党（缩写为 NSDAP，简称纳粹党）的党旗和党徽。希特勒在《我的奋斗》中写道："红色象征我们这个运动的社会意义，白色象征民族主义思想，'卐'象征争取亚利安人胜利的使命。"希特勒不久给冲锋队员和党员设计了臂章，两年后又设计了方形的纳粹锦旗。他模仿古代罗马幡旗的形式，将一个金属黑色的"卐"标记放在有一只鹰踩着的银色花环中心，下面是一个长方形的金属框刻着纳粹党的缩写字母，在整面方形有"卐"标记图形的纳粹锦旗上写着："觉醒吧，德意志"，希特勒成为纳粹法西斯头子。

美国学者罗伯特·佩思认为，本笃派大修道院中大量的万字图形，在幼年的希特勒心上留下极为深刻的烙印，这很可能促成了希特勒使用这个图案作为纳粹党徽的原形。美国史学家威廉·夏伊勒写道："要了解希特勒就必须把他当做一个奥地利人，这个人在哈布斯堡帝国崩溃之前的最后十年才成年，他没有在帝国文明的首都扎下根，他怀着当时讲德语的极端分子中间流行的一切荒谬的偏见和憎恨……他至死都要成为一个盲目狂热的反犹主义者。"

1933~1945 年的第二次世界大战期间，希特勒在血腥恐怖的法西斯战争中使用了这个纳粹标记。

## 柏林达达艺术家的视觉感悟

第一次世界大战带给人类空前的灾难，战争令人厌恶，1917
年的德国政治形势更使人感到前途渺茫，柏林到处充满了绝望的
歇斯底里的人群，欧洲文明似乎到了毁灭的边缘。

达达艺术首先发轫于苏黎世，稍后波及巴黎、纽约、巴塞罗
纳，1918 年在柏林掀起达达运动。威兰（Wieland）和约翰·赫
茨菲尔德兄弟（Johann Herzflde）是柏林达达艺术圈里的主要艺

赫茨菲尔德作品：超
人阿尔道夫·希特勒：
吞下金子吐出白铁。
1932 年 7 月刊载于
AIZ

赫茨菲尔德作品：
屠刀下的占领，1943 年

术家，兄弟二人天性豪放、勇于对抗，直觉与感悟敏锐，是精神上
的思想者和激进艺术家。

　　赫茨菲尔德兄弟的杂志《新青年》和他们创办的"马立克出
版社"，运用照片蒙太奇拼贴法，创作了许多社会性和政治化的
作品。由赫茨菲尔德兄弟提供资金的出版物之一《每个人都有一
个橄榄球》虽然问世不久就被取缔，但其标题成了德国革命者的
鼓动性口号。

　　达达艺术家呈现的作品具有寓言般的结构，疯狂和幽默是达
达艺术家的主要力量。他们深思熟虑地用一种严肃的、富有想象

赫茨菲尔德作品：十字架还没有那么沉重。在希特勒的要求下，1933 年初德国宪法规定了有关对教会的国家法令。1933 年刊载于 AIZ 第 23 期

的目光对新内容、新梦幻视觉、新的表达手段进行探索，煽动大众开展混合媒体式的艺术表演，野蛮又恶毒，挑衅而荒谬，咄咄逼人却充满了机智，信手拈来的一些半哲学问题的嘲讽寓意，超过已往任何触犯资产阶级的轻浮愿望。

约翰·赫茨菲尔德在魏玛共和国时期展现了他的艺术天才。他运用达达蒙太奇的形式获得了惊人的力量，创作出最具政治

化和鼓动性的作品，对希特勒和纳粹法西斯进行了猛烈的抨击和尖锐的讽刺，表现了他在那个时代深刻的内心感受。1936年后，他作为一个反法西斯艺术家流亡伦敦，并在那里度过了整个战争时期。1950年他回到德国以后，一直处于一个边缘人物的状态。作为一个艺术家很难把他归为什么类别，他不仅仅是一个摄影大师，虽然是摄影艺术让他成名。从20世纪70年代开始，人们重新认识他，他的艺术才华得到了欧洲和世界的认同，他的作品成为今日艺坛无价的杰作。

赫茨菲尔德作品：反纳粹法西斯同盟国宣传画

案卷 二

希腊风范

**希**腊的奇迹，希腊的光荣，在那个非凡的黄金时代，人们对希腊城邦时代文明充满赞美之词，却都忽略了万字这个图形符号在那个时代开始的"非符号化"演变。

随着迈锡尼文明的瓦解，经历过公元前11~前8世纪的黑暗时期，希腊人寻求到一种方式，通过"非符号化"设计的观念来实现一种新的平衡。从公元前五六世纪开始，万字符号脱离了一般器物的装饰范畴，以一种平面二维的古典设计形式、以单个万字符号，向两个不同方向交叉旋转，循环往复，出现并装饰在重要的受人尊敬的男女保护神的住处——神庙上。

在希腊城邦文明中，神庙建筑是城邦文化的核心，它是希腊人精神的驻地，是人类心灵共通的寓所。从梭伦到伯里克利，鼓吹民主精神的领袖都倡导修建万神殿，民众以极大的热忱投入建筑工程，充满智能的希腊人使用一切造型手段来修建、装饰、美化神庙，神庙建筑的每一个细部，都体现了那个时代独特的艺术语言。古希腊时的建筑设计师伊克蒂诺、雕刻家非迪亚斯的收入和最拙劣的石匠的工薪几乎没有多少差别。希腊人对自由与和平、民主与政治的平衡观念，正是通过对万字非符号化的演化，使希腊的艺术形式和艺术风格得到最高表现。

"非符号化设计"的万字图式，围绕镶嵌在希腊各地神庙建筑和雅典神庙的壁檐上，它绵延不断、循环往复地伸延，把人们的视觉引向另一个更深远的境界。

# 经典图式

通常西方人出于对古典希腊文明的敬仰，将这种"非符号化"的古典设计万字符号图形普遍称为希腊纹（Frise Qrecque），有的学者也称之为"迷宫图式"。尽管这种结构有几何学不同空间关系和纯美学的问题，但更为重要的是，这种独特的"非符号化设计"，预示它作为文化联结和文化继承的潜在象征性，而这一象征具有重大的历史意义。希腊文化向东传播到亚洲，形成一个新文明。希腊化时代——古典希腊文化遍及整个中东，向西传播至欧洲，特别是罗马人感受到了希腊文化的力量，全面吸收希腊文化，开始了罗马时代，进而将希腊文明传播给高卢人、日耳曼人、不列颠人。

万字符号出现在欧洲史前更早器物上，还有它在宗教上的特别意义。尤为重要的是，古典希腊文明不是原始文明，它具有承前启后、继往开来的巨大原创力。罗马人承接希腊文化，把城市文化连同它带来的一切文明，扩展到欧洲不同国家，遍及地中海沿岸和叙利亚地区。对古代中东地区的考古发掘显示，巴比伦人、希伯来人也同样使用这种"非符号化"的古典万字图式，并装饰在他们的殿堂和神庙内。

在所有唤起的回忆中，马其顿的亚历山大比罗马人在中东建立帝国之前走得更远，亚历山大时代，也就是在公元前3世纪，希腊人建立了许多城市，将希腊文化传播远至印度河和贾克萨尔慈河一带。

1992年，考古学家在土耳其的热格玛（ZEUGMA）地区发

希腊神话双耳阿比楠花瓶局部，万字、希腊回纹装饰带，镌刻在神庙四周。公元前约400年。波士顿美术馆

掘出一座公元前 3 世纪的城市，1999 年持续进行的考古发掘获得重大发现，这是亚历山大时代色勒柯斯·尼卡托赫（Seleukos Nikator）将军修建的城市，以后的罗马帝国时代，罗马人将它进一步扩展完善。拂去掩埋宏伟宫殿和华丽剧场两千多年的尘土，今天呈现在我们眼前的巨大的爱奥尼亚和科林斯石柱，尤其是那些制作精美描绘希腊神话故事的马赛克图画更使人叹为观止。这座不可挪动的公元前城市建筑遗迹，大部分地区还未被发掘，对深藏地下数十米、整石砌筑的神秘通道的了解，仅限于拍了几张照片。考古学家得赶紧为那些带得走的文物另找一个安身之处，因为这座规模庞大的城市建筑遗迹，因修建大水坝在 2000 年 10 月被河水淹没。意味深长的是，"热格玛"（ZEUGMA）这个词，在希腊语里是"桥"的意思，人们多少会遗憾，这座建构与古代文化联结的桥梁，被再次淹没。

史学家们普遍认为，希腊化时代和罗马帝国时代的城市文化，是构成欧洲现代都市文明的基础。而恰恰正是这种"非符号化"的万字图式，构成了城市文化的一个基本细胞。目前对这些希腊化时代、罗马帝国时代城市遗迹的考古发掘中，万字图式大量出现在殿堂庙宇等建筑物上，装饰在那些有关希腊、罗马的艺术品四周，即使我们现代人也会为那些高贵的建筑、精美的雕刻和绚丽多彩的马赛克图画所吸引、感动。对围绕连贯于这些古代遗迹神话故事之中的万字图像，在视觉上获得极其深刻的印象。

万字符号在希腊城邦时代推行"非符号化"，它作为希腊古典风范的经典图式所潜藏着希腊文化传播继承的独特的象征性，千百年来连续不间断地焕发恒久魅力，体现出希腊化时代和希腊文化对欧亚大陆文明的影响。西方古典风格建筑中普遍采用陶立

克、爱奥尼亚和科林斯这三种石柱，希腊纹
这种"非符号化"万字图式也频繁地出现
在形式各异的古典风格建筑上。可以说，
在所有接收希腊文明的国家和民族，几
乎所有的时代和不同的地域，特别是
在14~15世纪的文艺复兴到近代西方国家
中，不少建筑师、艺术家、装饰专家都使用
万字符号，他们大多数人可能并不了
解万字符号的含义，但无论是作为装
饰物还是象征物，我们今天都能看
见万字镌刻镶嵌在伦敦、巴黎、柏
林、梵蒂冈、罗马、纽约等地不
少著名的纪念性建筑物上。

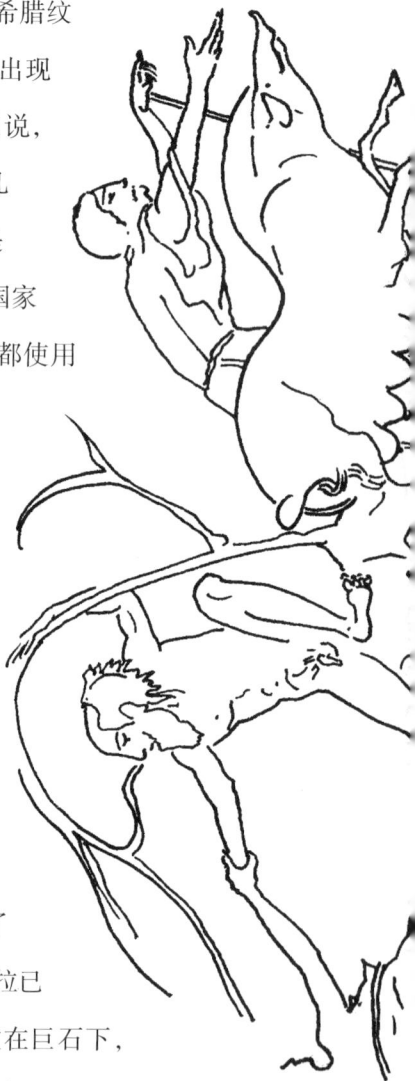

## 有物为证

雅典王埃勾斯来到特罗曾，娶了
公主埃特拉，当埃勾斯回雅典时埃特拉已
怀孕，埃勾斯将一把宝剑和一双鞋放在巨石下，
并告诉埃特拉将来生了儿子，如果他能搬动巨石取出宝
剑和鞋，就让他来找父亲。埃特拉果然生下儿子，取名忒修斯，
意思是"有物为证"。

忒修斯长大成人，母亲把埃勾斯的话告诉了他，随后忒修斯
毫不费力地移开巨石，取出宝剑和鞋，然后去雅典寻找父亲。一
路上，忒修斯建立了许多业绩，埃勾斯确认忒修斯是自己的儿

忒修斯杀死怪物弥诺陶罗斯，成功地从迷宫出来。希腊回纹，象征弥诺斯的建筑原则。希腊陶盘，公元前约600年。伦敦，大英博物馆

子，立他为太子。忒修斯在雅典做了许多惊人的事，杀死怪物弥诺陶罗斯是他最大的功勋之一。

故事的起因是，雅典人杀害了克尼特王弥诺斯的儿子安德罗革俄斯，弥诺斯向雅典人兴师问罪，迫使雅典人每年进贡7对童男童女去喂养关禁在迷宫里的半人半兽牛头怪物弥诺陶罗斯。这

个怪物是由于弥诺斯没有遵守献祭给海神波塞冬一条神牛的诺言，海神波塞冬让弥诺斯的妻子爱上这条神牛，结果生下这个怪物。

忒修斯决定去克尼特岛杀死怪物弥诺陶罗斯，取消纳贡。忒修斯和童男童女来到克尼特岛，他得到了克尼特岛公主阿里阿德涅的爱情。公主请求代达洛斯的帮助，这位集发明家、建筑师、艺术哲人于一身的代达洛斯，给公主制造了一个奇巧的缠线轴。公主把这个奇巧的缠线轴和一把剑送给忒修斯，忒修斯牵引着缠线轴进入代达洛斯修建的迷宫，杀死了半人半兽的牛头怪物，并成功地从迷宫出来。

希腊神话里描述的英雄忒修斯在古典时期被视为真实人物，忒修斯这个名字在考古学里代表的是真正的"有物为证"。让我们从希腊神话故事的寓意中抛开考古学家善于假设的手段。公元前2000～前1700年，克尼特岛从爱琴海脱颖而出，创造出了最富有活力的文明形式，那时正是埃及新王朝时期，弥诺斯人显然是接受到这种生机勃勃的文化的影响，其艺术造型和建筑艺术远离古王国时期的拘谨和平庸。

古希腊人借用一座迷宫，一个缠线轴的伸展，来表达、描述弥诺斯的建筑原则，政治性、宗教性、议政大厅、私密卧房、仓库、民居、作坊等，都概括性地呈现在"希腊纹"这个简练的万字图式之中，以开创性的独特象征和成就，标志着西方建筑历史的开端。

## 约旦河谷七连灯台

希伯来人的繁荣十分短暂，尼布甲尼撒捣毁耶路撒冷，掳掠犹太人到巴比伦，一住百年。对这些非志愿的移居者，巴比伦并非意味着奴役，他们在巴比伦学会了思考。

　　居鲁士攻陷巴比伦之后，他把犹太人召集到一起，遣送他们回到故土，重建耶路撒冷。以后若干世纪里，犹太人修建的城垣、王宫和庙宇，万字图式的希腊纹，围绕镶嵌在他们华丽的王宫、圣殿和犹太教象征的七连灯台四周。

　　七连灯台历来作为犹太教的象征，是在马加比斯起义后犹太人重占耶路撒冷时确定的圣物。《出埃及记》记载：七连灯台象征上帝创造的 7 天，左右各 3 支，中间 1 支代表安息日。顶端烛座作花托状，并且说是摩西照上帝吩咐置于会幕内南面，即北面

卡赫菈特（KHIRBET）犹太教堂遗迹，叙利亚。马塞克铺面局部，卷草花，鸟和羊，万字希腊回纹装饰带，公元前 400 年。犹太教堂遗迹，叙利亚

七连灯台枝形大烛台
和圣约柜

放献饼的桌子对面。

　　希伯来先知们的睿智，关联希腊人对万字符号的"非符号
化"演变。围绕镶嵌在七连灯台万字图式"希腊纹"，不是一个

简单的装饰。在承担历史的责任中，犹太人所创造出的文化，包括了各种法律、智慧之书、颂歌、小说、箴言、世界历史以及政论文章，希伯来圣书也就是基督徒的《旧约全书》，描述了人类

开天辟地的历史，作为古代典籍，保存住了铁器时代人类对西亚
文明的记忆。编纂这部百科全书式的文本作品的犹太祭司们，用
了整整一千年的时间，它随着犹太人的流散迁移、基督教的产生
而流传于世界各地。这是公元前 5 世纪，在巴比伦城被俘囚犯
的生活中产生的希伯来先知和巴尔干半岛最南端的希腊人，从埃
及、美索不达米亚几尽枯竭但仍充满奇迹的文明源泉中，给陷入
迷途的世界注入的新见解。

万字、希腊回纹局部。
公元 1 世纪。
犹太人居住区，耶路
撒冷

# 奥古斯都和平祭坛

古希腊史学家波里比阿（Polybius，公元前 201~ 前 120 年）发问道："罗马人凭借什么，在不到 50 年的时间里把人类居住的整个世界置于他们的控制之下？"

"伟大罗马"与"光辉的希腊"显示出各自的历史渊源和不同的特点，罗马人的务实风格，作用、影响到罗马文明进程中的各个方面。以建筑而言，罗马人所建造的神殿、广场、剧院、浴室、桥梁、水道等，都体现在《建筑十书》中维特鲁威提出的"实用、坚固、美观"这一享誉后世的著名建筑理论原则。

这一原则使罗马人的建筑在继承希腊建筑艺术传统的基础上不断趋于繁荣、创新。在奥古斯都执政期间，开创了罗马帝国文化在罗马建筑史上最为辉煌的时代。

奥古斯都的理想是把砖土的罗马变成大理石的罗马。他首先完成西泽未竟之业，即现在被人称道的罗马的奥古斯都广场。同时他决定扩展道路，用水泥和石头建成一系列公共设施，用大理石修建恢复了上百座神庙，甚至有的"罗马伟大的厕所"也是用大理石修建的，罗马因而更加富丽堂皇。除了首都罗马之外，帝国各个行政省的建筑也各显其能。

公元 107 年，为纪念图拉真大帝远征罗马尼亚获胜而修建了图拉真广场，两所巨大的图书馆、两座宏伟的大会堂、至今还耸立在废墟上的图拉真胜利纪念柱和一排排雕像，构成了当时罗马全城最壮观的地区，被后世称为"天下独一无二的奇迹"。

乐土之神。奥古斯都和平祭坛局部，万字希腊回纹装饰带。公元前13～前9年。罗马

公元前13～前9年，罗马元老院主持修建了用大理石建成的方形平台"和平祭坛"，祭坛四周的墙垣上装饰着上下两层浮雕作品，在万神殿和哈德良行宫反映上层的浮雕中，这是古罗马最后一件伟大的浮雕作品，旨在纪念奥古斯都恢复帝国荣耀的丰功伟绩。

奥古斯都和平祭坛题材多样的若干浮雕，表现了当代人的事迹，即与奥古斯都本人有关的历史性场面，对皇帝的纪念以

直接叙述的方式表达。浮雕中行列的队伍，再现了公元前13年祭坛奠基的庆祝仪式，浮雕的风格和表现手法深受巴特农神庙的影响，整个场面庄重、高雅。祭坛上的希腊纹围绕着祭坛的浮雕，构成占主导地位的纵向线条，象征着罗马文明的承接发展，蕴含着繁荣富强的帝国敬献，涉及罗马人的政治态度、信仰和情感。

祝圣仪式的行列。奥古斯都和平祭坛局部，万字回形纹装饰带。公元前13～前9年。罗马

## 拉斐尔隐藏住的激情

1509 年，拉斐尔·圣齐奥（Raffaello Sanzio，1483~1520 年）甫抵罗马，就被建筑师布拉曼特引见给教皇朱利奥二世，教皇很欣赏 25 岁拉斐尔的才华，决定让他为梵蒂冈的寓所和签字大厅作画。借用古代传统和基督教旨意，拉斐尔绘制了一系列壁画，包括四个大厅，即签字大厅、赫利奥多罗厅、博尔哥火灾大厅、君士坦丁大厅和一条长廊。壁画的场面宏大，图像精美，色彩表现淋漓尽致，令人叹为观止。这一系列壁画分为两组：一组表现的是宗教内容的题材；另一组表现的是在基督教文明之前从异教传统中得到的启示。

游览教皇驻地、基督教的精神中心——梵蒂冈，尤其应该去欣赏签字大厅中"雅典学院"这幅大型壁画。要知道，签字大厅是教皇接见各地基督教组织的代表和与亲信商议大事和签署正式文件的地方。因此，基督教人文主义者拉斐尔创作的壁画具有特殊的意义，时至今日，这幅作品绝不应该仅仅是对基督教徒发出的一种信息。

拉斐尔在"雅典学院"壁画中汲取了中世纪宗教绘画的精髓，同时借鉴新的古典语言来表达了两种文化的融合，他用希腊纹衔接延伸成巨大的穹顶，将古代的贤士、哲人和学者们聚集在一

大型壁画雅典学院。拉非尔非凡的天才在于他控制完好地将绘画的形式与装饰的方法紧密结合，希腊回纹衔接延伸成巨大的穹顶，构成开阔深远的空间，这里呈现出古代大哲学家、贤士和学者们群聚一堂的情景。公元 15 世纪。梵蒂冈

起，并按照严格的透视法安排人物布局。壁画的中央是柏拉图与
亚里士多德正在辩论，柏拉图一手拿着《蒂曼乌斯篇》，另一只
手指着天；亚里士多德握《伦理学》在手，另一只手的手势是朝
下指着地。拉斐尔通过这种象征性的表达方式，归纳了基督教
文明之前的哲人们各自的哲学要点。壁画中他还绘制了同时代
的一些伟人：第欧根尼半卧在台阶上，赫拉克利特在演绎他的
哲学论点，达·芬奇在画柏拉图，米开朗基罗枕臂沉思……拉
斐尔以严谨的方式来描绘他之前的人们和他身边的人们所做的
一切，他貌似漫不经心地把一切激情都隐藏于那些伟人之中。拉
斐尔推崇科学思想的传播，注重人与自然、古代和现实世界的关
系，充分表达了文艺复兴时期所包含的哲学思辨，体现了人文
主义精神对真理、对科学不懈的追求，中世纪的神学就此失去
了它曾经超越一切的意义。拉斐尔非凡的天才在于他控制完好地
运用绘画的形式与装饰的方法，"雅典学院"的画面用希腊纹衔
接延伸成巨大的穹顶，构成开阔深远的空间，这里呈现出古代
大哲学家群聚一堂留给世界的智慧。这幅壁画表现的不仅是不
可磨灭的瞬间的象征，而且是艺术成为生活与命运的见证，思想
和艺术紧密结合在这幅作品里，所体现的深邃的哲理与美学原则
表达了拉斐尔崇高的人文主义精神。

## 新古典的复兴

现代建筑的起源从 19 世纪末开始。过去和现在之间的裂变、
传统与非传统之间的差异越来越大。从表面现象来看是突然发生
的，追根溯源，14~15 世纪的文艺复兴似乎仅反映了类似于我们

历史中的某一时刻，但它确实是我们历史中最重要的一个时刻，由此确定了人类文化中存在的不可摧毁的东西。

18世纪，人们先后发现了庞贝和爱尔库拉诺姆这两座埋藏在埃特纳火山灰烬下几乎完好无损的罗马古城，对古代文明的缅怀，激起欧洲人的热情和强烈好奇心，引发启蒙运动，人们渴望找回到古代文明的源头。在罗马，上流社会的有钱人和红衣主教们出资，展开大规模的考古发掘活动。大量的出土文物

里尔歌剧院穹顶环绕着希腊式万字希腊回纹装饰带。17世纪。里尔

包括雕刻、建筑物、镶嵌画、画瓶、武器等，促使古董市场的形成。当然，文物可以进行一定范围内的有商业意义的旅行，同时也可能在商业化中遭到无情的毁灭。而建筑学家们则通过考古学的成就，测量已塌陷的建筑物拱顶，触摸每一块门梁，寻查被埋没的石块，把自己的直觉、观察和思考与祖先的辉煌进行对照。人们景仰希腊人、罗马人的美德，崇尚古典文明，追寻古希腊、古罗马的理想，意大利人比含勒热（Piranese）翻刻了那不勒斯附近希腊庙宇的建筑景物画，英国人斯图亚特（Anglai Stuart）和瑞维特发表了《雅典古代艺术集》，法国人卡依路斯（Le Comt de Caylus）出版了《埃及、伊特鲁里亚、罗马、高卢古代建筑集》巨著，这影响了当时一些艺术家和理论家们，他们主张朴实无华的艺术，新的画派也由此而诞生。

新古典的复兴应该说是考古学上的复兴，进而包括了新希腊的复兴。19世纪初，在欧美，一种文艺复兴古典主义建筑和巴洛克古典主义的复兴结合了起来，一种有别于浪漫

纽约大都会博物馆的门楣上装饰有万字希腊回纹装饰带。纽约，美国

主义、流传到 19 世纪、20 世纪的公共建筑的新建筑风格出现了。只要能多留步观察一下巴黎、伦敦、柏林和华盛顿、纽约等地以及欧美其他地区一些城市具有纪念意义的建筑物，就会发现传统古典风格和哥特式的建筑，被文艺复兴和精雕细刻的巴洛克风格所代替。

邮政博物馆。门楣上装饰有万字希腊回纹图案。华盛顿，美国

令人怦然心动的希腊纹，确实装饰在巴黎最高法院、巴黎歌剧院、华盛顿国会图书馆、纽约大都会博物馆等建筑的主体部位。从19世纪、20世纪后，那些最大胆、最富有独创性的建筑物和独特实用艺术设计，都潜在地浸润在希腊精神奠定的基础——平衡意志之中。也许有人会认为希腊回纹无关紧要，陈陈相因，平淡无奇。其实，从本质上来看是雷同中的美，希腊纹从来就不以华丽而著称，希腊纹不仅是一种欣赏格调，而且是与建筑的主体部分有机结合的不可忽视的美学元素。

美国国会图书馆。大厅地面上装饰镶嵌有不同式样万字希腊回纹图案。华盛顿，美国

案卷

二

宗教联接

**19** 世纪的人类学家米歇尔·热弥哥德则帜（Michael Zmigrodzki）研究宗教中的万字符号，提出了一些推测性的论点，并用地理和年代的顺序对其进行分类，总体上分为其他宗教和基督教两大类。其他宗教部分：印度、北欧、中欧、南欧、小亚细亚、希腊、罗马。基督教部分：高卢、拜占庭、南卡罗来纳、德国、波兰、瑞典、大不列颠。

法国基督教传教士路易·加亚尔（Louis Gaillard），曾在中国生活居住了很长一段时间，对于万字在中国和日本的流传，以及万字符号作为佛教的象征，万字同基督教十字两者之间的联系，以及直观与玄奥所产生的信仰关系，都进行了专门的研究和阐述。

## 对灵性存在的共同信仰

有一种理论认为，万字符号作为宗教象征，有可能是从雅利安人中开始，以后逐代相传，最终成为佛教符号。事实上，早在公元前 3 世纪，印度艺术罕为人知时，万字这个图形和这个名词在印度已有很长的历史。基于此，万字是佛教和耆那教首选的符号；亦是释迦牟尼的三十二相之一，意为"吉祥云海相"，太阳或火的象征。当佛教开始在印度大兴土木，佛教教义在东亚的中国、朝鲜、日本，南亚的斯里兰卡，东南亚一带的缅甸、泰国等地不间断地传播时，万字这个图形符号更广为人知。

佛教徒称万字是"太阳之轮"，可以从西藏喇嘛和佛教信徒祈祷的转经筒的演变来证明。今天在西藏著名的扎寺伦布寺，还供奉着用绿松石和不同宝石镶嵌的万字符号，一直受到佛教信徒顶礼膜拜。从佛教的传统观念来看，左旋卍和右旋卐都表示佛的"瑞相"，同样符合佛经的原义，同样来自梵文"Swastika"（室娲嗣缔伽），都表示"吉祥万德之所集"。

基督教源于犹太教，而希腊哲学则构成基督教思想基础。在希腊城邦时代，苏格拉底的宗教殉道精神得以复活，诚如罗马帝国基督教神学家、哲学家奥古斯丁（A. A. Ugustinus，354~430年）所描绘的"鼓舞着苏格拉底的理性，自那以后化为人形，托生于耶稣·基督"，万字是早期基督教徒灵与肉分离，向深邃玄奥的基督教思想过渡的一个重要象征。

圣徒保罗是一位希腊化的犹太教徒，没有任何其他人在传播基督教中起到像他这样如此重大的作用。《使徒行传》中描述保罗在庄严的雅典讲坛上说："诸位，我看你们是十分虔诚敬畏鬼神的人，我在街上走时，看见到处都有祭坛，而且有一座是献给'不知名的神'，我现在给你们讲这位'不知名的神'，这位创造宇宙万物的主宰，并不住在人手所建的庙宇里，也不需要供物，因为他一无所缺。他赐给我们的生命、气息，供给我们一切所需。上帝创造出万族，散居世界各地，又预先定下万国兴亡的期限和疆界。他这么做是要人寻求他，在寻求中认识他，他其实离我们不远。我们的生活、行动、存亡都在于他，就好像你们的诗人说过的：'我们是他的子孙。'既然如此，我们就不该将金、银、石头所塑成的形象当作神来祭。世人愚昧的时候，他不检查，如今叫各处的人悔改。因为他定了日子，要借着他所设立的人按公义审判天下。并且叫他从死里复活，给万人看可信的凭证"。保罗并没有直接说到万字符号，但他说"我在街上走时，看见到处都有祭坛，而且有一座是献给'不知名的神'……并且叫他从死里复活"。

万字装饰在希腊一些神像身上，它也装饰在雅典和那些希腊时代的神庙里，因此可以推测它也必定装饰那些有所指向的祭坛上。

早期的基督时代，各式各样的十字，被有选择的使用。不同的十字表达不同的意思，其中的式样就有万字。一千多年前，在罗马时代墓地中的基督教徒墓上，就有万字这个图案符号在葬礼使用，意味着人在死后仍然继续生存。

公元313年，君士坦丁大帝宣布米兰特赦令，穷人的宗教不再隐藏于地下，而变成强大的国家官方信仰，基督教随后出现了若干派别，本笃教派的修道院就喜欢用万字来装饰祭坛。公元5~6世纪，若干日耳曼新王国取代了西罗马帝国，尽管如此，在整个中世纪和东罗马帝国时代，也未阻挠万字装饰在基督圣像四周，因此可以设想，万字是光和生命之神的象征。

希腊时期，希腊文化向东传播到亚洲，向西传播到欧洲，由此而兴起的伟大的世界性宗教——佛教、基督教，这两大宗教的影响力一直持续到现在。万字作为传统符号流传的源头，有着形而上学的深刻内涵。追根溯源，万字这个图形符号作为宗教的一种思想，在宗教意识形态中包含最终意义——抚慰人类的灵魂，象征和意味着"死而复生"或"万寿无量"。佛教的追随者使用万字符号，后来又被早期的基督教徒使用，有的学者推断，在公元 6 世纪，万字第一次被作为基督教纪念符号使用。

总而言之，在亚洲，佛教给众多民族带来不仅是宗教信仰和一整套道德规范，而且在文学、艺术、建筑、绘画、雕刻以及民俗生活方式上，都体现出这一文化特征。在欧洲，并进的文明特征是，基督教带给野蛮的日耳曼民族和斯拉夫诸民族宗教教义、道德标准以及罗马文化和君士坦丁文化，而这一影响力一直持续到现代。

从以上事实可以看出，万字出现在佛教和基督教上的意义，是人对灵性存在的共同信仰，这里潜藏着基督教和佛教强有力的文化联结，正因为如此，它在欧亚大陆宗教文化中屡屡现身。

# 苏格拉底和佛陀

苏格拉底在希腊城邦时代提倡新神，被崇拜奥林匹斯多神教的雅典人处死，苏格拉底至死都认为神是按照自己的目的创造世界，支配世界，神是最智慧的，人必须认识到人类的无知，灵魂是可以脱离肉体独立存在，是不死的，它不断地从一个肉体投向另一个肉体。苏格拉底对死亡的超然所表现出来"生即是死，死既是生"的宗教殉道精神与早期的佛教精神是一致的。虽然苏格拉底同释迦牟尼相隔一两个世纪，各自在不同的地域，但他们在精神上相通的这种灵性，同万字的象征性是有关联的。

乔达摩·悉达多，佛教的创立者，公元前 599～前 486 年生于释迦部落，是迦毗罗卫城静饭王之子。他为达到精神上的升华圆满，身为一个幸福的青年却抛弃尘世生活，27 岁出家，成为满足于命运进入涅槃的神圣乞丐。悉达多被视为"释迦族

早期佛陀造像是以脚
印的形象来代表，脚
印中刻的万字象征太
阳。公元前 250 年，
美国国家博物馆史前
人类学部

的隐修者"，7 年后得道，后被人们尊称为释迦牟尼、佛陀或
梵文的 BUDDHA（"佛陀""浮图""佛"），又誉之为"觉者"。

觉有三义：自觉，觉他，觉行圆满，是佛教修行最高果位。三
义俱全的佛主释迦牟尼认为，人生充满痛苦，痛苦的原因是

贪欲，要寻求人生的真谛，注重灵魂与肉体的分离。释迦牟尼从自己的经历中得到启示，并以此为出发点提出"为什么我不能完全快乐呢？"这个内心自省的问题。释迦牟尼思考的实质，还不仅是一种微妙的形而上学的启示。希腊人用探索思辨的方法去了解世界，希伯来人敬畏上帝，佛陀开启自己，普渡众生，进入不生不灭的涅槃。

　　佛教创立初期最早的佛陀造像，是把卐或卍的图形刻在脚印

佛祖释迦牟尼心口上绘万字，端坐于莲花之上。佛教徒认为万字是一种自然组合的图案，早期的僧人胸前都有图案。卍和卐都体现了佛的"端瑞"，它有一种平衡超自然的力量。中国传统绘画。华盛顿，美国国家博物馆藏

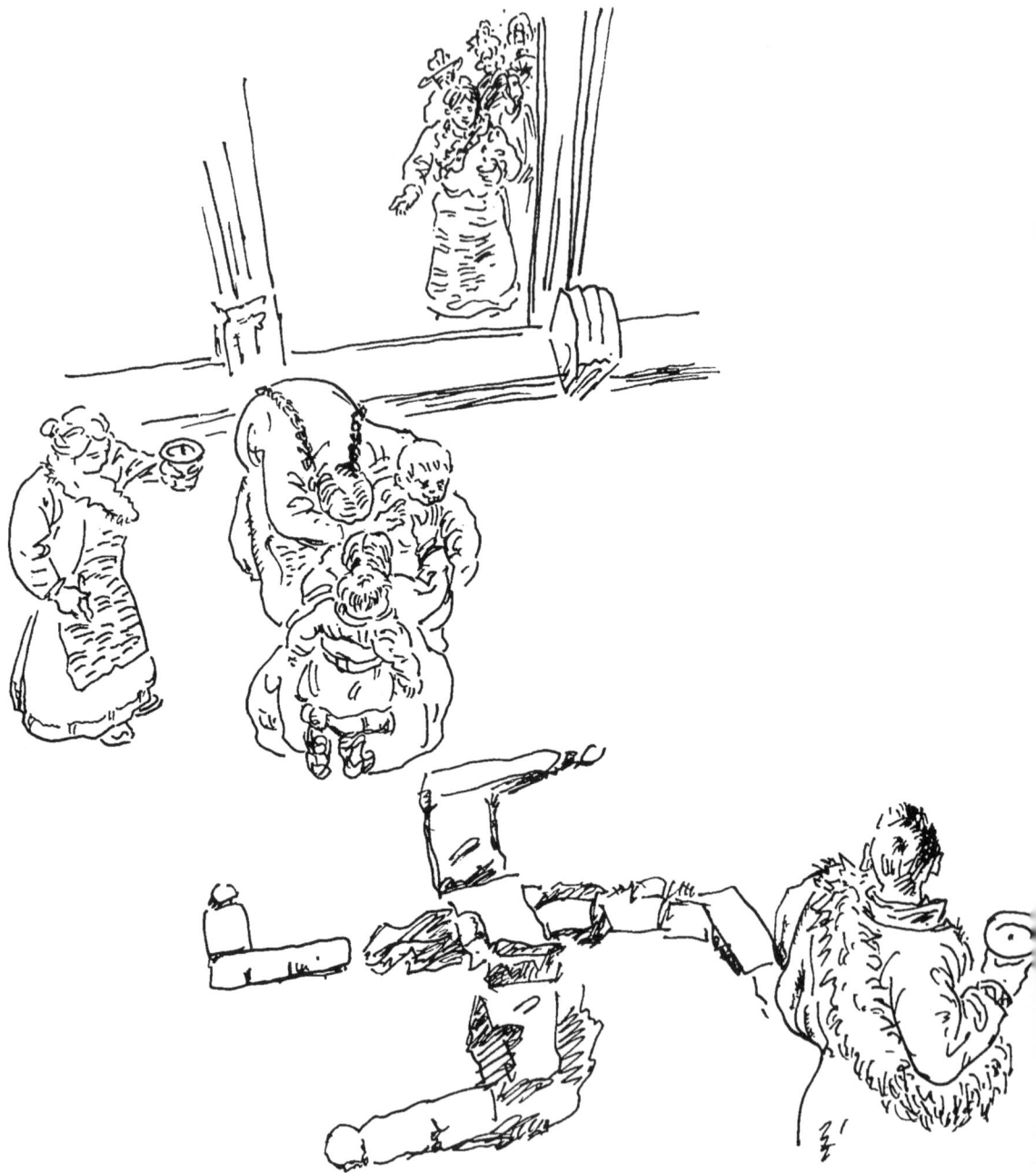

著名的西藏扎寺伦布
寺供奉着用绿松石镶
嵌的万字符号。藏族
百姓朝拜触摸这个符
号以求平安吉祥，来
世幸福

上来代表他的造像。印度孔雀王朝的阿育王建造了一些可以确定
年代安放佛祖遗骨的佛塔，佛塔包含重重叠叠的墙，就像是一个
轮子，而这些佛塔的内墙则呈万字形，佛塔的轮形外观和内墙设
计，追寻到最早佛陀脚印上的万字，它代表太阳、时间和佛法。

青铜佛像，莲花底座
上有 8 个万字。公元
11 世纪。日本

佛转经轮循辗不停，万字象征着宇宙风暴和生命之舞，它追随着佛的脚步，带着巨大的能量，是对邪恶的警戒，它摧破众生烦恼，勘遍一切世间天极，安驻谛理。

宗教信仰中的哲理必然对以后的人类生活产生内在联系。释迦牟尼的教义和启示似乎很难理解，人们给佛陀高尚的道德赋予神奇的故事，"舍身饲虎"只是若干神奇的故事之中的一个。如果佛的教义太深奥，佛陀教导人们在生活中可以遵循的"八正道"，即"正见""正思""正语""正业""正命""正精进""正

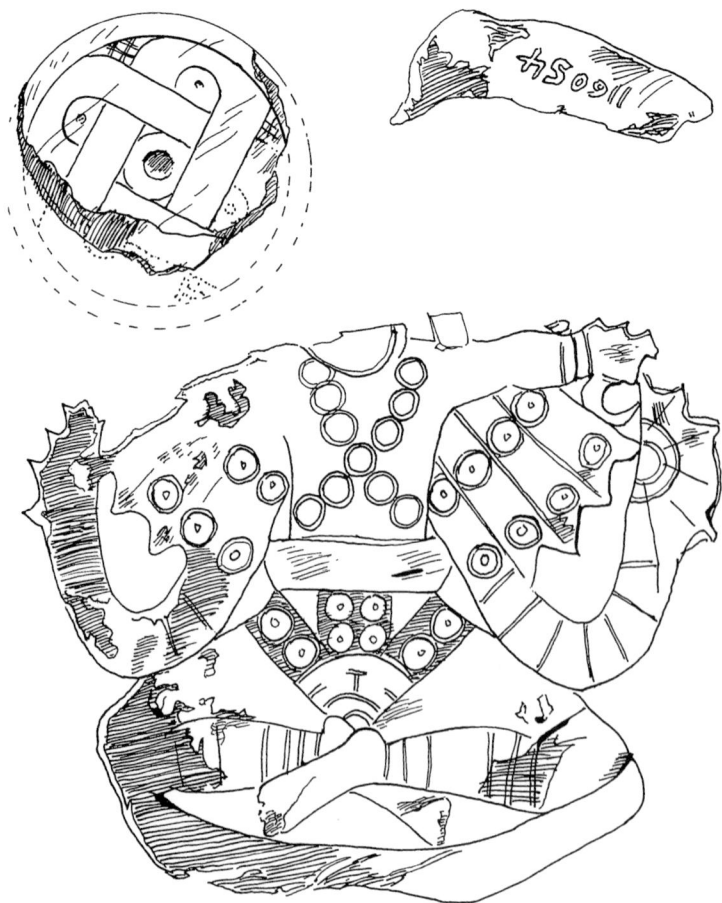

类似一个佛像的雕塑和介壳上刻有万字图案，以及循环的圈和点。托可穆德，田纳西洲，美国

念""正定"，或是更加单纯的理解，富人要多行善事；穷人要多些耐心。

佛陀脚印上和心口上的万字循辗不停，轮回，善行，彼岸，可以使人的良心复活，悟得"道谛"，进入无我的境界，获得新生。

## 耶稣基督不需要十字架

随着罗马帝国的扩张，皇帝要求所有领地的臣民百姓对他崇拜，罗马人不关心宗教方面的事物。罗马帝国的属地到处祭奉着异教徒的神像，到处都有不同异教徒的布道者，只要人们不接近或是参与和政治相关之事，就可以按照自己崇拜的神去信仰宗教，只要不蛊惑煽动或是公开叛乱，就不限制言论自由。

罗马帝国在宗教上实行的是宽容政策，政治与宗教的相投是一种世俗权利的表现。在以色列到处飘扬着罗马人的军旗，犹太神庙成了乱哄哄的集贸市场，钱币上铸有西泽的头像。这位拿撒勒人公开向罗马的权威和秩序挑战，向罗马的神祇与法令挑战，他反对政治与宗教相投这种世俗权利的表现，因为这是对摩西和上帝立约规定犹太人必须遵循的《十戒》的亵渎，对其中的第一条戒律的破坏。

耶稣以 30 个银币的价格被出卖给他的敌人，在客西马尼花园被负责守卫神殿的士兵逮捕，被当作危害国家安全的犹太反叛首领而实行十字架死刑的惩罚。他的敌人要他死得屈辱，将一个荆棘编成的花冠扣在他的脑袋上，再套上一件破烂的紫袍，将两根木头做的十字架捆在他的后背上。按当时的规则，罪犯要标明遭受刑罚的原因，十字架上的铭文写道："拿撒勒的耶稣，犹太

DNIM

耶稣基督一直希望人
们超越尘世欲念，寻
找到使人们相互爱护、
相互宽容、相互同情
的神灵。希腊式万字
回形纹装饰带。公元
7 世纪。意大利

祭坛上的圣母圣子，
古代圣经手抄本

人的王"。执行十字架的死刑在罗马帝国时代是危害国家安全罪
被处以最残酷的惩罚。按照罗马法律处以十字架的死刑也是对逃
亡奴隶的惩罚。斯巴达克造反失败，7000 名奴隶在阿比亚大道上
被处以十字架的死刑。

　　其实耶稣并不是一个狂热的犹太反叛分子，耶稣既疏远反

罗马的犹太狂热分子，也不投靠反犹太的罗马人。那个时代罗马人和反罗马的犹太狂热分子都把武力当成神圣的裁决权。耶稣既不追求财富、荣耀，也没有企图通过被钉上十字架而被欢呼推举为民族英雄的个人野心。耶稣以一种彻底的宽容精神向这种习俗挑战，在他的感召下很多基督徒拒绝叩拜罗马皇帝，也不祭拜异教徒的神像，成了基督教的殉道者。

　　耶稣基督一直希望人们超越尘世欲念，寻找到使人们相互爱护、相互宽容、相互同情的神灵，使人们从奴颜婢膝、冷酷无情、种族对抗中解放出来。罗马帝国灭亡了，耶稣和他的基督教会尤其是基督教的大主教们反而成为希腊罗马文明的继承者、传

圣·索菲亚大教堂穹顶环绕着万字、希腊回形纹装饰带。13 世纪。伊斯坦布尔

石刻圣像大主教身上
有三个万字符号。公
元 17 世纪。中世纪
博物馆，巴黎

播者，梵蒂冈成为全球基督教徒的圣地。

　　但用各种艺术方式来表达回忆耶稣在十字架上受难是件危险的
事，比如 2004 年由 Mel Gibson 导演的电影《耶稣苦难记》在不同
信徒的派别中挑起了激烈矛盾。而十字架在信仰的历程中，演化
为一种装饰物。事实上，今天的政治和宗教分离，无疑是给予了人
类这种社会动物一个巨大的恩典，使我们在生活中获得更多的宽松
自由。

## 萨拉丁共同性原则的伊斯兰边界

在中世纪，西方对希腊知识缺乏直接了解，甚至长期不知道它的存在。阿拉伯穆斯林对"智慧希腊"进行了保存、翻译，而萨拉丁保存并延续了穆斯林人对世界作出的这一贡献，从而使文艺复

塔什卡阿维里宫殿柱础上刻有万字图案。中亚地区

苏丹王母亲的陵墓建筑上装饰的伊斯兰图案混合有万字图案的变体

兴的西欧能对希腊古典著作重新开始研究。萨拉丁的名字也拥有巨大声誉，越过千年的辉煌，对阿拉伯王国和伊斯兰文明产生深远的影响。

萨拉丁·阿尤布·本（1137~1193年），中世纪穆斯林世界著名军事家、政治家，埃及阿尤布王朝首任苏丹。他出生于一个大家族，属于土厥族一支的库尔德人。年轻时代的萨拉丁向最好的伊斯兰教学者长老学习可兰经，多年的潜心静默学习，培养出他学识上的渊博，精神上的深邃。祖先的荣耀使他感动，他梦想使伊斯兰世界统一起来，投入极大的热情和虔诚，要成为祖先荣耀的捍卫者，顽强好斗的性格使他在逊尼派树立起威望。

当时中东地区政治环境特别动荡不安，到处都是混乱的局面，王朝内部也崇尚信仰圣战，军人的愿望是尽早地为圣战献身，充斥着狂热、神秘主义的忠诚。鉴于对圣战的赤诚，萨拉丁下令学习可兰经，信仰伊斯兰教，鼓励民众成为宗教思想下的整体。萨拉丁1169年进入埃及，建立阿尤布王朝，自任苏丹。他

苏丹王母亲的陵墓建筑上装饰的伊斯兰图案混合有万字图案的变体

随后占领并统治了叙利亚和美索不达米部分地区，将阿尤布王朝扩展成萨拉丁帝国，定都大马士革。1187 年，攻占耶路撒冷和沿地中海商业城市。1192 年迫使十字军主帅"狮心王"查理一世（Ri-Chard 1）签订休战条约，他成为东方"安拉在大地上的影子"的神权君主。其实在那个时代，阿拉伯人对耶路撒冷的统治并没有偏执、狂热的表现，萨拉丁对于他的敌人和对手都能表现出一定的温和宽容。11 世纪，基督教教堂在整个叙利亚依然存在，阿拉伯世界在萨拉丁的统治下得到新的活力。

以宽容著称的萨拉丁，实际上在中世纪十字军东征背景下基督教世界与穆斯林阿拉伯世界恶化的关系中起着缓解的作用。

萨拉丁的时代，万字出现在伊斯兰的建筑、绘画、雕刻等艺术创造和民俗生活中，表现为一种特别的"共时性原则"隐喻。从阿拉伯王国到伊斯兰帝国，伊斯兰教是一条有力的纽带，这种融合了犹太文化、希腊—罗马文化和波斯—美索不达米亚文化传统的文明，是一种带有基督教、犹太教、琐罗亚斯德教和古代各种文化因素的新的综合体，形成了阿拉伯世界的政治体制和生活准则。

陵墓的大门上装饰有万字图案。中亚地区

案卷 四

货币旅程

**2002** 年元旦之前 15 小时，巴黎有不少人跑到酒吧和烟草店排队，用 100 法郎兑换约价值 15 欧元的硬币，不得多换。这一年对于欧洲人来说与往常不同，从新年钟声敲响的那一刻起，在巴黎，埃菲尔铁塔银光闪耀；布鲁塞尔，灿烂的焰火照亮了夜空。欧洲的单一货币欧元，成为欧洲 12 个国家 3 亿多人通用的合法货币。从里斯本到赫尔辛基，从伯林到雅典，从巴黎到马德里，欧洲国家的首都，人们举行各种庆祝活动，用音响和灯光晚会来迎接欧元的到来。人们参加除夕之夜狂欢晚会，然后成群结队地来到取款机前，要用手来感觉一下用高技术制作的新的欧元，欧元实现了从在货币市场进行交易的货币到普通民众手中使用的钞票的历史性转换。

## 金光熠熠的万字图案

追寻古代时期，圣经时代之前人们就把贵重金属用作钱币，那时几乎每个人都把金子当作钱，但它只不过是一种货币单位，而不是铸币。最早的钱币出现在公元前 7 世纪，发明地点是小亚细亚半岛的吕底亚。吕底亚人用冲头将金、银块或金银合金敲打铸造为钱币。用冲头敲打，冲模可以在硬币上复制出狮子、公牛、海豚以及其他许多动物图形，而冲头标志则打印在硬币背面形成万字图案。

　　毫无疑问，对万字图案分支的论证中，一种三腿形的图案和有四个腿形的古代硬币，最早出现在公元前 480 年的亚细亚，约公元前 317 年传到西西里岛。有的人类学家持这样的观点，西西里岛和男人盾徽的象征 Trkelion 只不过是万字符号的演变形式，而希腊人把这一符号同阿波罗礼拜联系起来，他们宣称这是颇受欢迎的古代艺术品（美国当代艺术家马修·巴尼在他的作品上用这个符号也大获成功）。在亚述，这个符号被广泛使用，硬币上也出现了万字图案。公元前 333 年～前 323 年，万字图案也作为附加保证记号出现在亚历山大硬币上。

　　当然货币在历史中有不同的式样，判断万字这一图案的相似性及起源，它的作用除了装饰应该还有另外的含义。面对地中海这个庞大的共同市场，爱奥尼亚人最初发现了吕底亚钱币流通的

古代钱币上铸有万字图案。公元 330 年

丹麦金币带有万字图
案。司徒加史前博物
馆，丹麦

好处。开展大规模贸易往来，总是用以物换物的交换方式太不方便，而采用标准硬币将激励商业发展。他们使用货币在希腊各城邦大做生意，聚敛财富。波斯阿契美尼德王朝的君主们，以及腓尼基人、埃及人、意大利人、高卢人，都借用、接受了货币这一概念，特别是马其顿的亚历山大，为希腊开创商业贸易打开了东方市场，最终使在吕底亚本地流通的货币成为国际货币，货币从此在世界广为传播。

# 亚历山大遗产

欧盟区内欧元实现了历史性转换。但是，古往今来，又有谁能像马其顿的亚历山大那样有气势、讲排场、花大钱，同时又具有世界主义的理想观呢？

亚历山大的父亲菲利浦国王受希腊学者伊索克拉底怂恿，矜持于希腊人的世界主义观，以要把亚洲诸民从野蛮的暴政下解放出来，置于希腊人的保护下为由入侵亚洲，他去世后，给他儿子留下权位和万贯家业。罗马时代的传记作家普卢塔克在《亚历山大大帝传》中说，亚历山大是"受上帝的派遣，来当所有人的统治者和调解者……他吩咐要所有的人把居住地看成自己的祖国"。

亚历山大对中东和印度河流域进行了举世闻名的移民似的东征。他鼓励希腊移民同当地人联姻，并安排80多名高级军官和几千名士兵同波斯妇女举行大规模婚礼，亚历山大本人以身作则，找了一名波斯贵族女子为妻。

古代金银币，万字变体图案

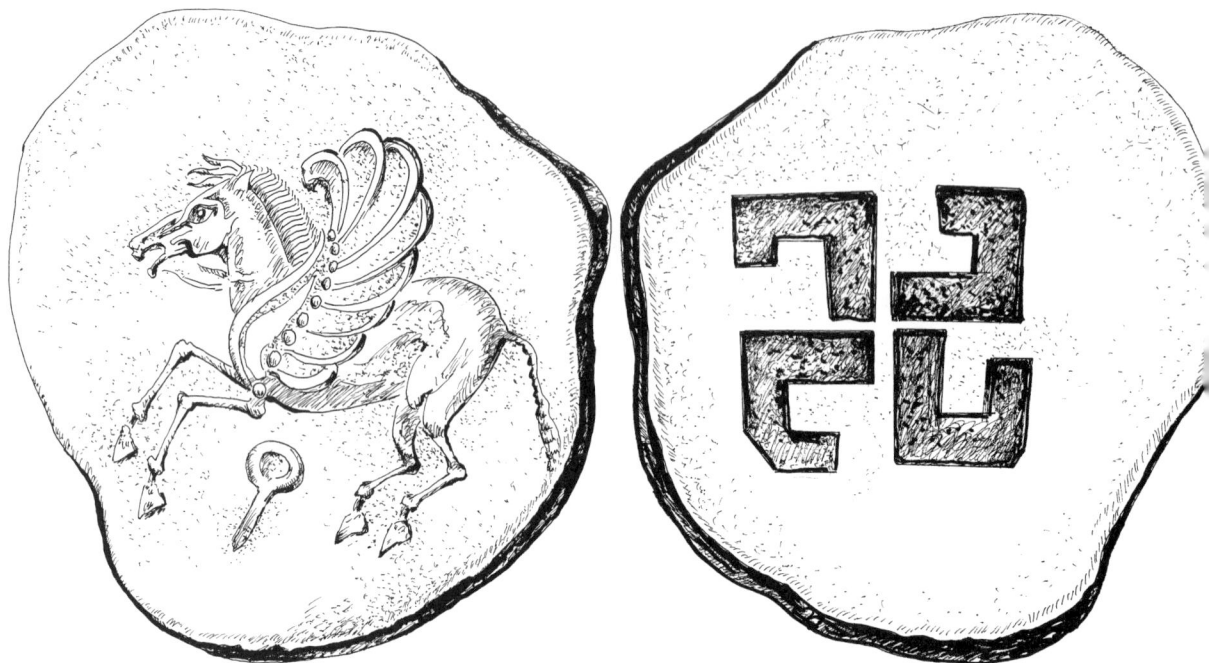

古代希腊银币，带翼的马和冲压的万字图案。科林斯，公元前6世纪。

　　为实现希腊人的世界主义观，亚历山大在征服并且消除波斯的威胁后，把聚敛掠夺的金银财宝铸成货币，投入流通，为希腊开创商业贸易打开了东方市场。

　　亚历山大帝国仅在亚历山大生前存在了数年，亚历山大于公元前323年逝世后，他留下的帝国遗产，被他手下将领和以后西方的罗马人、东方的帕提亚人所瓜分。不过亚历山大时代的业绩并没有就此结束，他的继承人耗费金钱修建城市，多处城市以亚历山大的名字命名，从埃及著名的亚历山大港到亚历山大城即阿富汗的科贾特，亚历山大及其继承者丌辟的商道，通过西域的丝绸之路一直联结到中国的长安。在那时欧洲人的想象力中，他们将东方的真实与虚幻混为一谈，为东方的难以置信的财富所诱惑，激励了各种不同的商人成群结队涌向这些商道。印度的文献

招财聚宝，日进斗金。
有万字图形的中国民
间招贴画

台湾制的银元铸有万字。
道光年（1821~1850）

记载，"罗马"的商人随身带的主要是金币、银币。实际上"罗马"的商人多半是希腊人和叙利亚人。

希腊文化对周围众多民族产生广泛深入的影响，首先是通过亚历山大留下的另一笔重要遗产——高超技艺制作的银币来实现的。银币可以方便地在各地之间流通，从而实现物质联结和通过商品交换盈利。与此同时，这些硬币实际上导致了印度铸币的产生。

希腊人制作的硬币造型精美，风格各异，除了为那个时代和以后的雕刻提供了最好的范例外，镌刻有万字的钱币，也一直是作为商业联结的价值凝结和计量单位的支付手段。当然，古代镌刻有万字的钱币，记载了过去商业行市的故事，对文明的演进过程而言，毫无疑问，商业联结比文化联结更为广泛，更具影响力。

# 私密象征

**近**来有的科学家声称，他们在生物学领域里引入了工程学的精髓，已经找到了一种能使人体细胞和电路进行交配的生物工程芯片，这种芯片能在医学和基因工程学方面发挥关键的作用。新发明的工具"生物传感器"，也就是嵌入身体的"生物芯片"和人的思想共生，人体将被转换为信息收发的网络。有人设想，在一平方毫米的生物芯片上布满 2000000 条生物传感触突，这种能激活不同的身体组织（从肌肉到骨骼到大脑）的准确的电压量相调合的细胞芯片，也可以根据顾客的不同需要，再装配多少不等的特别要求的生物传感触突置入体内。这个提供超高通量性感应界面连接的"人"，与人的脑筋、肌体、感官、社会合成有密切关系，最终可以共享，使两性交往活动的定义起了革命性的变化。互联网成为当今社会的一种新的两性交往工具。而"性"在日益开放的当代社会生活中，似乎成了人类智力奢侈的猎物。

所谓"天下人皆爱"，是古代人一种养身怡性的哲理，并不都是性的放荡和无知的压抑。在人类信仰历史范畴内，万字这个符号涵盖了生殖崇拜与性力象征的多种内容和形式，它被刻在山脉的岩石上，画在神像四周，装饰在神庙内，点缀在艳情图画中。比如中国古代民间和皇宫内庭都流行祭床神，不管是新婚夫妇还是烟花巷女都拜此神，讲究的床都用万字图案来装饰床的倚栏，为的是姻缘圆满，多子多福，子孙绵延。

# 生命历程的别种内容和形式

在西方的中世纪和中国相当一段的封建社会里，"性"是讳言的封闭活动。乔万尼·薄伽丘的《十日谈》里，对性的"自闭"有反讽幽默的描写。在中国，则有《肉蒲团》这类作品，其因性描述的张扬而被列为禁书。20世纪70年代，西方甚至流行一句口号："要爱情不要战争"。

基督教的圣·奥古斯丁发现了沉湎于肉体的快感是人类罪恶与堕落的主要污点。而古希腊人坚持和强调按照自然的要求去安排生活，把性活动并入生与死、时间与永恒的哲学思考中。他们认为，个人注定要死，通过必要的性活动这种方式能避免死亡，让生命超越自身，享有永恒。中国汉、唐时代，以古代的经典医学著作为基础，形成了性文化。1973~1974年在长沙汉墓马王堆三号坑出土的竹简、帛书几乎全是医书，其中《十问》《合阴阳》《天下至道谈》是有关房中养生的专著。唐朝的"药王"孙思邈，对房中养生颇有研究，著有《备急千金要放》和《千金翼方》。

生物学家理查德·道金斯1976年在《自私的基因》一书中说："大千世界真正的统治者是构成我们基因的DNA。这种双螺旋体结构分泌出来'性的迷雾'为达到生存目的会不择手段。它有能力在数百万年间通过精确的复制自身的形态来延续。正因为如此，我们人类的躯体是暂时幸存于世的机器，是一辆基因奔突于其中的战车"。

从小亚细亚到死海的海边，从若德岛到塞浦路斯，从伊朗高原到河西走廊，都发现万字生殖力崇拜。这些远古文物把我们带

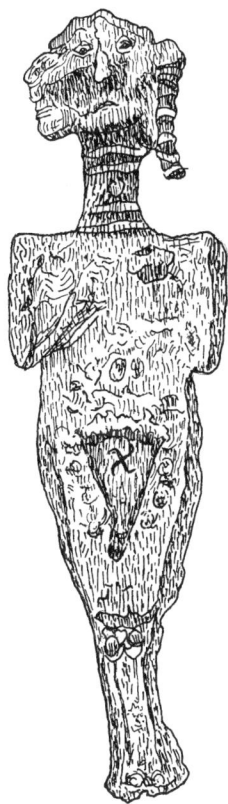

铅铸依斯格赫利伫神像。万字刻在人体私秘处中心。特洛伊，第三城遗迹

回到后石器时代的繁衍和迁移，印证着万字涵盖的生命历程的别
种内容和形式。

## 特洛伊城神像

考古学家海因里希·谢里曼博士对特洛伊古城进行的考古发
掘中，在第三城发现了一个金属神像，该神像最奇特的装饰，是
一个覆盖在生殖器中间的万字。

有位西方人类学家评价谢里曼的发现说："人类思维和欲望
的最早时期是我们得到上帝的宠爱，上帝给亚伯拉罕最大的恩赐

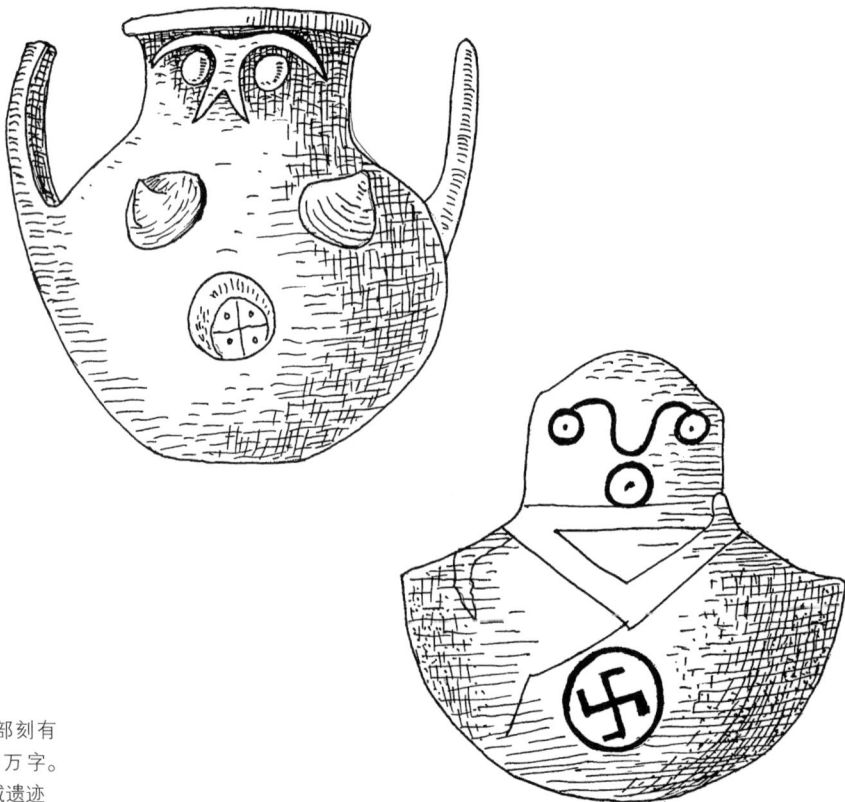

土红陶器的腹部刻有
圆环、十字和万字。
特洛伊，第四城遗迹

就是种子，多如星空中的尘埃，以至有人能计算出地球有多少尘埃却不能说出有多少种子的数量。当然上帝的赐福便是生命的诞生和兑现对后代的许诺。远古人类在幸福时代创造了万字的样式，旨在指定代表好运和赐福的位置。"

美国国家博物馆藏有谢里曼博士在特洛伊古城发现的猫头鹰形状系列混合陶器，它们同生殖能力有特别重要的联系。这些陶器或称花瓶，底圆、肚宽，像人的面孔，有眼睛、眉毛和鼻子，有的陶器花瓶上的生殖器官用同心圆环表示，另外的陶器花瓶上有乳房出现和结构紧凑的万字形。有的学者认为，在特洛伊人心目中，万字是男人生殖能力的象征，有其重要性和神秘性，在这些远古文物上具有特殊位置的万字，证明了它被看成祈祷幸福好运和代表生殖力的象征。

## 希腊人超越禁忌

古代希腊的哲学和医学都论及快感的享用，从爱情行为的问题到追问爱情本身的存在。很显然，现在的人们要花些时间，才能理解公元前 5 世纪的希腊人对待爱情中的欲望和冲动的特殊方式。他们在两性之间进行自由选择，人们心中普遍存在爱恋"美"人的欲望本性，而且不管"美"人的性别如何。他们认同享受快感有多种不同的方式，在不同年龄的男人、女人都可以激起快感的欲望或严肃的爱情。不过苏格拉底认为，"灵魂只有在肉体内需非常迫切和满足这一需要而不会带来危险的条件下，才能享受这些快感"。

希腊人把自然相互关系，归结为"青春之花"的爆发，这是灵

"青春之花"的舞蹈，
万字回纹形装饰

魂的欲望和身体的专注。在祈求神灵保佑的仪式和多姿多彩的节日里，希腊人有自己的宗教信仰和保障，与此同时，以另一种喜悦的祭拜的方式来尽情享用，使生命成为一种超越体内各种束缚的震撼。

# 犹太人的戒律从属

古代犹太教的戒行派教徒，一直被认为是信奉独身主义。据考古发掘的文献记载，他们一般都有妻室，20~25岁过一段独身生活是"为了接受善与恶的决战"。虽然有研究资料说犹太教内部有种种戒律，包括曾出现过禁婚禁酒，而作为神和人缔约的象征，对后世影响深远的是犹太教对初生男婴举行一种宗教仪式——割礼。

犹太人割礼，使生殖功能被赋予了宗教色彩，是万能的上帝授予人自身在世的一条戒律从属，使男人重新确立生殖能力与上帝尊严之间的关系，有了这个一神教的契约，上帝保证犹太人过上幸福的生活，这个民族将永世长存。

约旦亚得翟卡（EDD–DIKKA）犹太教堂遗迹里的万字图形，这个早于创世纪非常特别的符号，勾画出人类神秘的精神潜能，它与性有关但并不色情，亦表达了都是"亚伯拉罕的子孙"，对中东地区的所有基督徒、犹太人和穆斯林福祉的关心。亚伯拉罕

万字图形构成一个抽象的、奇异的性符号。古犹太人的心目中，这个符号代表着繁衍，是生殖力的象征。亚得翟卡（EDD—DIKKA）犹太教堂遗迹，约旦

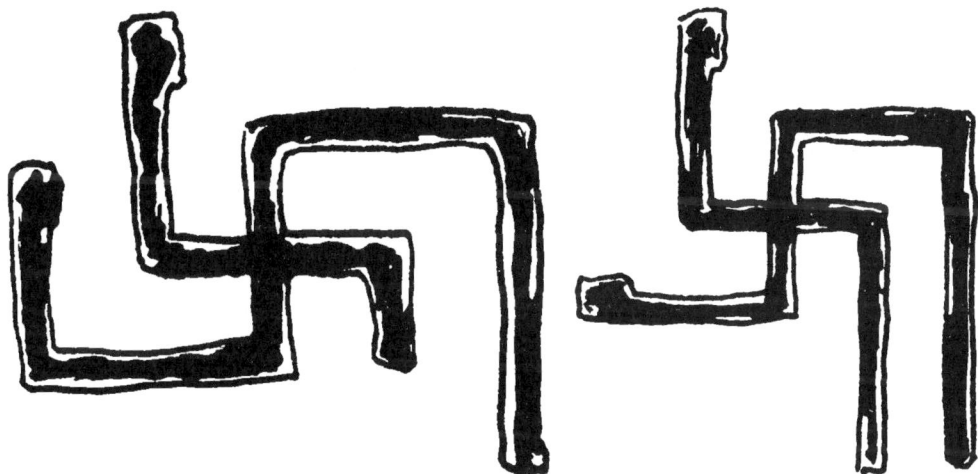

被尊称为人民的指路人，为阿拉伯民族的奠基人以实玛利行割礼。这个非同一般的符号，同时也是获得"拯救"的人类繁衍的象征。

古代犹太青年们大多不到 20 岁就结婚了。婚姻是双方家长的契约，是宗族繁衍、家庭生活再创造的手段。生育的目的是避免生物个体与族群的消亡，性行为成了逃避死亡、繁衍子孙后代的唯一选择。

从对圣经的最新研究证明，《旧约》中的预言家都结过婚，耶稣本人也结过一两次婚。古代犹太教徒和犹太基督教徒，都反对同性恋和独身主义，认为在婚姻中追求性爱具有哲学和美学的意义。

## 日本人的"菱万字"

日本人善于精确地呈现他们的感悟力和敏锐性。日本画家北斋柯兕色彩艳丽的浮世绘中，那些武士、浪人、幕府将军恣

卧室墙上装饰万字，版画。18 世纪。日本

意在榻榻米上行事，装饰有称为菱万字的"卐、卍"符号，在和服以及门、窗、墙上都具有挑逗性的暗示。那时的人们还相信穿戴或者配饰菱万字的丝绸织品服装有一种特别的感觉，能使女人激发出莫能名状的仪容。

"万之大也"，唐代的中国常见万字，这方面日本文化也受到受中国文化影响。日本上流社会和武士阶层都喜欢穿戴带有"卐、卍"，又称菱万字雷纹的丝绸织品及服装，这种纱绫绢织物由中国古代传入日本后流行至今。

## 汉文秘籍奇方

中国的人性文化修养离不开秘籍奇方。东汉时期的班固编有《白虎通》。公元 9 世纪日本人丹波康赖的手抄本《医心方》，完

中国西域地区砖坯上有卍字遗物

整地保存辑录了涉及中国古代医学各个领域的经典典籍，其中有阐述房中术的《玉房秘诀》。

在中国古代记载房中术的秘籍奇方中，载有一些图画，在上面可以看到各种不同的万字。在古代一些器物上，同样可以看到万字。比如明代一件瓷器花瓶，枕耳上绘有万字图案。在一些古籍的插图上，可以看到绘有万字回纹形栏杆装饰的帷帐大床，庭院长廊有万字回纹形装饰的栏杆，地毯上也缀织有万字图案。

万字，附在这些画幅里流传至今。

中国庭院长廊有万字
回纹形的装饰栏杆

中国戏剧图画。茶几
上装饰有万字图案

案卷 六

再定义

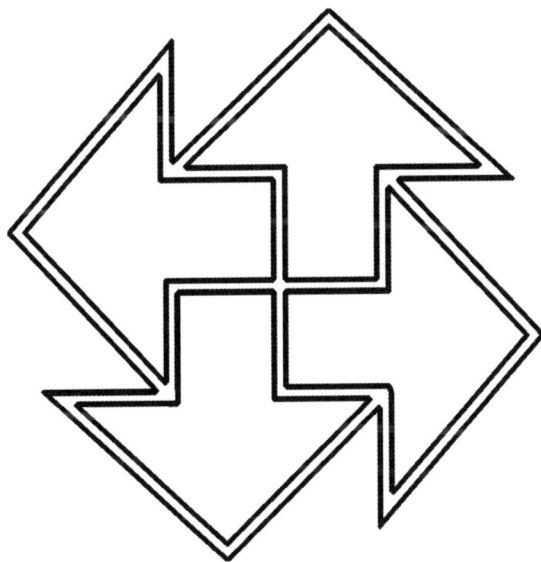

**图**形符号卐，在不同的国家和地区有着不同的名称和含义，其读称在世界上约有 20 种。例如，在汉语中这个图形符号念作"万字"，藏语中读作"雍珠"，日语读"ばん（ban）"，法国人有时读"Croix Gammee"（夸咖迈），英国人有的读作"Fylfot"，德国人读"Hakenkreuw"，希腊人读作"tetrqskelion"。

　　这个图形符号在法语和在英语词源学字典里拼作"S_w_a_s_t_i_k_a"（室娲嗣缔伽）。它在梵文里表示幸福、欢乐、幸运。在佛经中读"室利磋洛刹"，意为"吉祥万德之所集"。人类学家认为，几乎所有的国家近一两个世纪以来，都接受古老的梵文的叫法："S_w_a_s_t_i_k_a"（室娲嗣缔伽）。

## 十字形式

　　谈及万字命名、起源、定义、迁移、象征、再定义，在此有必要陈述一下十字形式，这是因为十字的式样同万字的起源有关。十字除了常见的几种形式，如果再加上徽章，共有 300 多种不同的形式。据考古学和文化人类学的研究，最早的十字形是在史前时期用两根木棍和横竖两条直线组成。早期不同的民族和国家，十字有不同的形式、不同的名字和特定的意义。

　　拉丁十字形（✝）早在公元前就被刻在硬币、金属和装饰品上，据说基督就是被钉死在十字架上，所以它就变成了基督十字架。

希腊十字形（✛）每边长度相等，成直角，它被刻在亚述和波斯纪念碑、硬币和塑像上面。现在所见到的瑞士十字和红十字都是这种形式。

圣安德鲁十字形与希腊十字形相同（✖），成90度直角倾斜交叉，不过它只是用双脚站立而已。

埃及十字形（☥）生命之匙，根据埃及神话的传说，它象征着地狱判官和祭司、生育和繁殖女神的统一，是大自然繁殖力的象征。

T字形十字架（T），因为它代表希腊字母的T而得名。在斯堪的纳维亚神话中，它代表"雷神之锤"，经常与万字形混淆。它同时叫圣安东尼十字架，来源于一位隐士的名字，通常被涂成蓝色。在《早期基督钱币》一书中谈到："T字形架被放在那些由于憎恨而叫喊的人头颅上。"也有另一种说法，它象征男性生殖器。

公元2世纪出现了另外一种十字形，它是由希腊单词"基督（XPIETOE）"的前两个字母组合而成，（✳）这种图形被称为基督辉映交相十字。

马耳他十字形（✺）是骑士军事命令的象征，它起源于中世纪。

两种凯尔特人十字形（✝ ✞），主要起源于爱尔兰和苏格兰，被基督教感召的凯尔特人通常用石头雕刻成大十字石碑竖立在山岗和道路旁。

十字架作为施刑工具，除了通常的撑延四肢的形式外，经常出现其他一些形式，比如"Y"形，罪犯被绑住双腿，头朝下倒挂。另一种为"冂"字形，这种形式的十字架，罪犯的双手、双腿被绑在四个角上。还有一种为"T"字形，这种形式的十字架，罪犯被绑住身体的中上部，双臂沿着十字架两边伸出。

据史书记载，谈及十字架的起源，西藏对高僧"上师"的尊称"喇嘛"，即来自古代西藏"十字架"这个单词，原始拼写为L—A—M—H。

## 起源与迁移

在十字的诸多形式中，卍和卐这两个图形符号是最古老的。除了考古学家和人类学家的论证和推测外，没有人知道其起源，可以说其早在新石器时代就存在了。

19世纪一位叫姆乔利·布瑞欧弗（Meugene Burnouf）的学者对万字（Swastika）的描述如下：这个图形符号的每一条边都是直的，宽度相等，互相以90度连接，四臂的尺寸长度类型相同。最特别之处在于每一条边尾部都以90度转向同一方向，或左，或右。19世纪中的另一位人类学家马克斯米勒教授根据左、右不同方向的弯曲将其分类，他认为朝右边弯的才是真正的Swastika（卐），朝左弯的他称之为"Suavastika"（卍）。

有的学者认为Swastika朝左弯或朝右弯分别代表着男、女性别。在印度有一种流行的习俗就是把成对出现的物品分为不同性别，所以会出现："男性Swastika图形"和"女性Suavastka图形"，以"他"或"她"来表示。它们同样代表着别的成对出现的神。

从佛教的传统观念来看，左旋卍和右旋卐都表示佛的"瑞相"，同样符合佛经的原义，同样来自梵文"Swastika"（室娲嗣缔伽），都表示"吉祥万德之所集"。

万字这个图形符号有时画成弯曲形，有时在交叉角上加些点，有些在每边尾部画上相同距离的点，这种图形都被称为Croix Swastika。

世界上很多地方发现了一些与万字相关的不同的图形。

关于万字最早的起源和迁移，还需要依据更多确凿的证据来论证。我们不妨查看对比一下公元前 3500 年至公元前 1500 年欧亚大陆诸文明的状态分布：米诺斯文化、印度河文化、赫梯文化、巴比伦文化，以及追溯到更久远的仰韶文化、埃及文化和苏美尔文明，这些文明都留下了万字遗迹。根据今天的考古学研究证实，世界上很早而且普遍使用卍与卐这个图形符号的，是距今 7000 年前幼发拉底河和底格里斯河流域的土著居民。当地的萨玛拉乔加文化，玛米遗址和梭万遗址的陶器上出现不少万字图形符号，其年代据碳 14 测定最早为公元前 7000 年。中国新石器时代出现在陶器上的万字图形符号距今 4000~5000 年。

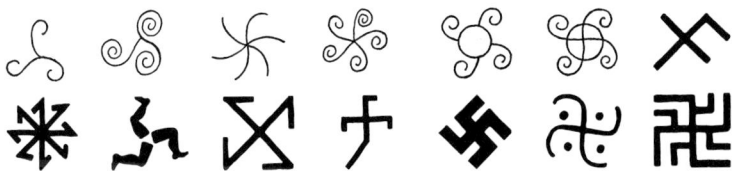

与万字相关的不同的图形

万字图形符号出现在各个国家地区之间以及存在于各种不同文化中，对于考古学家和人类学家来说都是有吸引力的课题。至少 19 世纪的一些考古学家和人类学家对万字图形符号作为一种象征或是一种祝愿在不同的国家和地区出现的方式，做了饶有趣味的研究。万字前缀先出现在亚洲，有些学者认为，万字产生的宗教和其他象征含义都要归结于能否确定其是否像青铜时代的青铜那样，在最早使用过这个符号的地方和人类的迁移途中广为传播过。

在史前时代或是更早的时期，地区与地区之间有着直接或间接的联系，相互之间有着不同的影响力，而万字符号的起源、流布涉及广阔的地理空间，我们能不能在更多的考古发现中来推测，通过万字符号的流传可以证实人类文明的迁徙？

## 定义和词源

万字直到近代才有了被西方普遍接受的名称 Swastika（室娲嗣缔伽）。这个符号在有梵文和佛教之前就存在了几千年。很多研究者认为万字的象征意义与古代的神有一定的联系，一些学者列举宙斯、太阳神、火神、邪神、雨神、天神，最后是所有神的神——上帝，有些研究者认为，万字同埃及和波斯的莲花标志有密切的联系，它是男性生殖器的象征。另一种说法认为它代表女性，表达了人类繁衍的规则，被认为是多产的象征。万字在拉丁语中代表雷神。有人认为它是雅利安人最早的符号。还有人推测万字代表婆罗门教中的创造者（梵天）、守护者（毗纽碌）、毁灭者（湿婆）。它出现在印度山脉岩石上，刻在佛像的脚印里。

考古学家海因里希·谢里曼博士说："我不喜欢印度以外的地方使用 Swastika 这个词，它代表的只是它在印度的起源、它的历史及一定的含义。这个符号在世界不同地方出现，没有论证也没有指出它的出处，一旦它被称作 Swastika，公众马上就可以得出结论，它起源于印度。"

　　万字也出现在佛经、佛稿、佛器和佛像的雕刻上。佛教徒认为，在佛经中至少有 65 个前途光明的标志，第一个就是 Swastika。在梵文文学里，Swastika 一直是前途光明的意思。

　　虽然几乎所有的西方国家都接受 Swastika 这个名称，问题是，为什么在梵文里它被称作 Swastika？为什么 Swastika 表示前途光明的含义？

　　在法语字典里给它的定义和词源解释：

　　词源：梵语单词。

　　SU：民族词语，意思为好的、精彩的、财富。

　　ASTI：第三者，单一的。

　　KA：构成单词的后缀。

　　万字以前的拼写方式为：S-v-a-s-t-i-c-a 和 S-u-a-s-t-i-k-a，后来无论英语和法语的拼写都是 S-w-a-s-t-i-k-a。

　　从文化人类学的研究来看，"Suastia"是由"Suasti"变化而来，"Suasti"是由"Su"变化而来，在《吠陀》中经常出现 Suasti，作为"好"的名词和副词。后来演变而成的 Swastika 在佛教和耆那教中经常出现，是一种象征着吉祥的图案。Swastika 好像是在转动的轮子，我们注意到在印度的一组佛教塑像装饰图案中的第 8 个装饰图案是半个月亮，第 7 个装饰图案是用 Swastika 来表示，这里明确指示 Swastika 是太阳的象征。

　　从史前的美索不达米亚两河流域到印度河流域，从伊朗高原、小亚细亚、叙利亚到巴勒斯坦向南远至底比斯的埃及，这些地区的远古居民都崇拜万字符号。有的学者认为，这些远古居民把左旋的卍作为地母之形，右旋卐作为天或太阳之形，世界的其他地方也都有这种类似的象征。欧洲一些部族的原始艺术中，

地母之形也是左旋的卍，谓平安吉祥之意，右旋卐是太阳之形
的演化。

# 万字符与中国

中国文明与欧亚大陆其他文明彼此相异，那么，美索不达米
亚地区发现的有八九千年历史的万字图形符号，同人类的迁移与
中国文明的形成有关联吗？

卐和卍这个图形符号在中文里通常读"万"。中国的传统文
化里万字这个符号的意思为"生生息息，循环往复"，又称"万
字不到头"，其意为"无穷，万古""万事如意、万寿无疆"等，
这是一个有体积、有深度的词汇。如果说在古代中国，公元三四
世纪以前出现在器物上的卍与卐仅是一种装饰纹样，那么，南
北朝后期北魏菩提流支译的《十地经论》上有明确记载和解释：
"卍"译为"万"字，有"万德圆满"之意。唐代高僧玄奘把
"卍"又译为"德"字，意为"功德无量"。

人们往往忽略在一个地方能出现的事物在其他地方同样有可
能出现，如果扩大研究范围，深入做更多的工作，就能有更多的
发现，而得到的东西往往超过我们的想象。

法国一位曾经在中国生活的过的基督教传教士路易·戞
亚（Louis Gaillard）在 1893 年写了一本《十字和万字在中国》
（Croix et Swastika en Chine），他认为，在中国人和日本人看来，
万字是一个散播生命的宇宙符号，有"万寿无量"之意。中国远
古神话故事中的大禹、伏羲和河图、洛书同万字符号都有关系，
万字的哲学寓意可能蕴含在整个中国哲学的思想里。他在研究中

国著名的僧人佛学家法显（公元 3 世纪）的著作时曾说道：公元 6 世纪前这个神秘的万字在中国和印度就有了，它们使用一种标志叫作纳达瓦赫挞亚（Nandavartaya），意思是双运环，将卐或卍用横直射线环绕，使各个线段和角落连接起来，形成一个似乎封闭又敞开的方块，这个图形符号有非常多的含义：它是神圣的庙宇或楼阁，是钻石花园，是一条链子，是锐角向右或向左的圆锥，是一座迷宫。他研究万字这个符号在西藏的各个教派中的使用情况后认为，当佛教传入西藏，所有的西藏佛教信徒都将 Swastika 作为典型的崇拜象征，西藏的佛教信徒认为，只有思想的安宁才是生命的宗旨，他们都称万字是纯洁的意思。

## 象征性

19 世纪法国人类学家米歇莱·则弥弓则帜（Michael Zmigrodzki）评论说：万字这个符号的出现与人类的宗教崇拜有一定的联系，它标志着人类至高无上的愿望。太阳、星星等都是光明的使者，维纳斯的盾牌上刻着万字，塑像周围都刻着万字，生长的树，枝丫繁密，预示着繁殖、富饶、增长。他验证 Swastika 存在的时间和地区后说：在丑恶混杂的异教派别中，原始野蛮的思想，神秘的传说，被滥用的、堕落的错误哲理，Swastika 都不属于这个范畴。他得出结论：Swastika 是光明和生命的象征。在早期的基督教时代，万字符号作为宗教思想的一种象征而存在。

《具有纪念意义的十字架》是一本 19 世纪的著作，描绘了 Swastika 图形在上帝诞生之前好几个世纪已经在印度作为一种神圣的符号而闻名了。它作为一种宗教的象征，意味着"神秘十字架的追随者"，在希腊化时期佛教和基督教兴起，信徒和追随者们都使用它。公元 6 世纪，它第一次被作为基督教纪念符号使用，同时也被装饰在基督圣像四周。

有些信仰基督教的几何学家认为，Swastika 图形是由四个"L"形组成，在铁器时代演变成"十字形"出现在金属器件和陶器上，有时候，它的末端变成圆和优美的弧线，而不是呈直线形的直拐，最终演变成大主教的标志。

另一本 19 世纪的著作《装饰的光彩》在"Swastika 符号"一章写道：万字图形在西藏被视为上帝的代表："从这些事实可以看出，万字图形作为一种神秘的装饰符号不仅仅是在很久以前就被基督教使用，而且早在上帝出现之前就出现了，它是传统符号流传的源头，虽然它的意义并不是很明确的，但它在西藏一直沿用至今。"

学者姆乔利·布瑞欧弗在谈到早期拉丁神话里有关火的起源时提到阿硌瑞（Agri）神话，火神之母神秘地把她的婴儿带到船底，取名字叫做"Argni"，意味着木制品（万字符号），可以传播火种。这个万字图形的最早形式很容易被辨认，它是由两块木片组成的，木片的两头弯曲用来钉钉子，在两块木片的相交处有像茶杯一样的小洞，中间插了一根长矛状的木片。这个神话出现以后，有很多牧师和诗人使用万字图形来代表 Argni（女性），也代表 Agri 火神（男性）。这个神话讲述了火的诞生，意味着神圣的火种，也暗示着在神圣的祭台上使用万字符号。可能由于这个传说，在所有万字图形中带点的和类似一些旋涡的万字图形，都被归纳为万字符号。但有些学者认为万字图形中带点和类似一些旋涡图形与万字这个符号或是 Argni 无关，没有足够的证据说明万字符号是用来制造火的，有点与无点并不重要。

乔治（R.P.Greg）也是 19 世纪的一位学者，他用了很大的篇幅描述佛教系统中雅利安人祭拜的火、水、太阳之神。最早的神 Dyaus，代表着明亮的太空或空气之神，Adyti 代表无限的宇宙，上帝之母 Vruna 代表闪亮的火神。在这之后出现的宙斯、Agri 火神、Sulya 太阳神、Indra 雨神是 Dyaus 的后代，这些神变成了印度伟大的三位一体：Brahma 梵天、Vishme 毗湿奴、Siva 湿婆，即创造之神、保护之神和毁灭之神。他认为万字是 Indra 和宙斯使用的一种武器，这些神的后代当中，包括太阳神、光神、火神和水神，万字符号只作为一种武器伴随着他们，在这个完整的神灵系统中，不可能再仔细追寻万字符号的根底。他认为万字的手臂向左弯或向右边没有什么区别，从根本上来讲它们都是相同的。

无可置疑，万字在欧洲神话中起着广泛而深刻的基础性作用，万字表面上看是一种最简单的符号，但实际上很复杂，它有很多象征性，几千年前就开始广泛流传。它与许多宗教形象及神话人物一起，被刻在纪念碑以及其他对象上，这种雕刻初出于亚洲，后来通过希腊传到欧洲。

19 世纪美国纽约学者科德尔（W.IL.Goodyear）教授，在一部长达 408 页的著作中写道：Swastika 是一个被世界上很多国家崇拜的神圣符号，它代表着生命、精神、复活，最关键的是它代表的是太阳的符号。很多纪念碑上的 Swastika 是太阳的象征。Swastika 与各种形式的图形和很多动物有关联：鹰与 Swastika，小蛇与 Swastika，狮子与 Swastika，斯劳克斯与 Swastika，狮身鹰首与 Swastika，蟒蛇与 Swastika，公羊与 Swastika，它与三角形、同心圆、螺形图，以及莲藕、玫瑰花、太阳图案和圣像，都有一定的联系。它伴随着太阳鹿、太阳狮、太阳羊、太阳马和太阳狮身人面像出现。而它最重要和最常见的联想是太阳鸟。特洛伊的一个小铅雕塑的 Swastika 赋予了它代表生命繁衍的意义。科德尔认为 Swastika 是埃及式建筑的基础，它早在公元前 14 世纪就出现了，并与希腊建筑相交融，促进了希腊爱奥尼亚柱式风格的形成。追寻古代希腊文明，意义深远而令人深思的是，希腊人对万字图形符号的眷恋，这个符号频繁地出现在他们的不同历史时期，与他们的艺术创造息息相关。科德尔还提到，印度学者认为 Swastika 是希腊和中国装饰艺术主要模式的起源。

## 再定义

过去人们乐意议论万字与太阳、上帝之间可能的联系，与雨神、光神、宙斯、阿格尼、菲比斯、阿波罗或者其他诸神肯定的联系，这个问题固然有趣，还得要为数更多的文献与实物的验证。在当今，我们特别需要比过去更为深远、更有意思的万字图形符号研究。

万字存在于人类一切可居住的地方。看看整个史前文明，万字图形符号装饰于不同的对应物，如陶器、花瓶、工具等。在青铜及之后的时代，它除了被装饰在日常用品之外，还在不同的地域有着不同的用途：希腊人把它刻在雕像上同时也装饰在神庙上；意大利人用在安葬的骨灰盒上；斯堪的纳维亚半岛把它压印在枪矛、刀剑上；苏格兰和爱尔兰人用在胸针上；印度把它画在跳舞的喀拉鞋上；中国把它装饰在日常生活的器物上。万字出现在美洲中部、南部和北美的原始部落中，被那些土著人使用，它频繁地出现在他们的宗教聚会、节日宴会，装饰在各种形式的器物之中。它也镌刻装饰在纽约大都会博物馆的门楣上。

以上例证和考古学的研究证实，几乎在所有时代中，万字被制作成为一种护身符与教派的信物，作为长寿、保佑、好运的祝愿；被制作成徽章或是装饰品，佩戴于人们正式的服装在庄严的仪式上使用。万字除了在佛教徒和早期基督教徒和北美印第安人的一些神圣典礼上使用，它在世俗生活中的神圣角色已逐渐被放弃，这似乎表明它与宗教象征无关。在以前的传说故事中，人们在很大程度上被万字出现在大多数不同神的身上这一事实所左右，然而在世俗生活中，它又显得如此随意自然，那些神奇的传说和故事慢慢地消散在古老的回忆之中。

出人意料又不可思议的是，这个符号延续到近代社会，突然变成一个希特勒法西斯的"纳粹标记"。希特勒使用这个纳粹标记，在1933~1945年进行残暴的种族绝灭的统治与战争，这是现代人类文明史最悲惨的一页。值得庆幸的是，希特勒法西斯的纳粹德国第三帝国最终遭到彻底失败，"纳粹标记"随之被粉碎。我在这里特别强调，作为"纳粹标记"的万字的含义和指向，与其他不同历史阶段、不同的民族的万字，是有绝对的、本质上的区别的。

本书论及的万字，作为若干"公案案例"分类罗列、陈述，比如，在"地缘搜寻"一案中，我以当代地理、地域来展示不同的万字历史信息图形。而在所有案例中，全部依赖于图形本身在不同文化背景之中呈现的镜像进行分析，用对符号诠释涉及的外围信息来探讨内涵。

　　人们通常对如下观念熟视无睹，即事件的肇因总是存在前后、上下、左右延伸的因果之链，如果你觉得这样看问题是超出我们能力之外的任务，不妨重温霍金（Stephen Hawkin）这个有趣的人物所言："上帝完全是一名大赌徒，它在宇宙这个庞大的赌盘上的每个场合下骰子。"读者不妨把本书看成一种隐喻叙述，其中有的案例更像是寓言，也是一种训练感知和判断力的游戏。

　　我并不回避我的观点，也不是要证明我的观点都是正确的，文本解决不了长久争议。质疑和诘问，并不影响万字这个源远流长的符号作为人类文明发展和进化的一条纽带的意义。

　　为此，我提出"非符号化设计"的概念。基于对这个符号古代和现代的历史性的重读，通过研究与万字符号相关的、不同的图画中潜藏的相关和似乎不相关的史实和故事，发现它们之间相互联系或独立存在的意义，以及可能对未来产生的影响，也就是说，试图对万字再定义。

　　19 世纪的美国人类学家托马斯·威尔逊（Thomas Willson）的观点，在今天看来更有一种潜在的当代意义，他认为："万字这个图形符号牵涉到人类的历史，文明的发祥地，探索研究万字的象征来源时，我们不光要考虑它的自然现象，也应该寻找尽可能多的可能性，它扩散的时间和迁徙的过程，以便比较万字在不同时代和地区所反映出的一种时尚或是权力，以及它们不同的设计风格。"

　　正在进行时的 21 世纪，万字这个图形符号，不仅被陈列在博物馆里，出现在历史教科书里，现身在批判分析人类行为的经典著作里，镌刻在世界各地那些著名的建筑物上，也点缀在人们的生活之中。

　　万字，这个看起来极为简单的符号，在我们这个混沌的人类社会涌现出自我连续、相互倚赖、网络反馈等极其复杂的社会行为，它是我们人类生存行为的一个巨大经验存在，也许你会认为查里德·费因曼提出的"宇宙具有多重历史"的思想听起来像科学幻想，那么不妨细心体会温斯顿·丘吉尔的一句幽默的话："历史就是一件接一件见鬼的事件组成的不可避免的事实。"

　　我以为，我们必将伴随万字这个符号，在现实和未来生活中一道去思考，我们每一个人将根据自己的天赋去发挥想象力，现在开始，到以后的很多年。

案卷 七 地缘搜寻

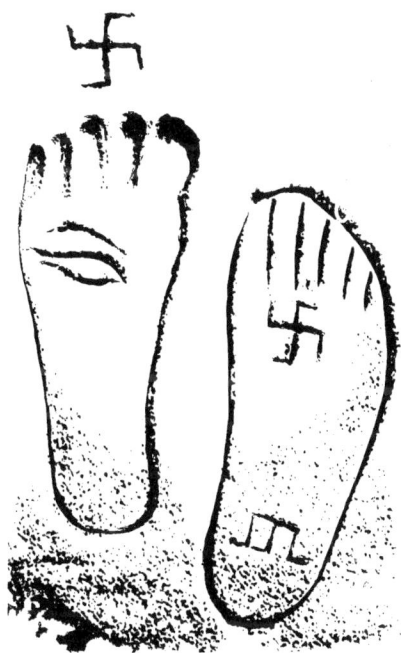

**非**洲是一个非常古老的大陆，这块大陆与欧洲大陆相连。人类学家指出，人类最早的祖先出现在非洲，这个观点在对人类的祖先即原始人的化石研究所证明，原始人距今约 800 万年，但我们对文明之前这段时间的人类所知甚微。似乎所有的证据显示，从旧石器时代开始，人类从非洲大陆逐渐扩散到欧洲大陆、亚洲大陆、大洋洲和南北美洲。有意思的是，以前的史学家和地理学家对非洲很多地方感到陌生，他们面对非洲不曾涉足之地，在地图写下"未经考查"，地图上大量空白的地方就用野生动物来填补，在那些似乎无法居住的开阔高地，填上大象、虎豹以表示城市的空缺，这足以说明非洲与欧亚大陆人类文明隔绝的状态。

如果把地中海当成一条连接文明的大道，北非地区和地中海盆地诸多民族间的相互影响是有深远意义的。在尼罗河三角洲和马格里布地区以及地中海沿岸，能找到很丰富的万字的证据。据说罗马帝王中，尼禄是第一位真正对非洲进行过探险的人。而迦太基人曾跨越过撒哈拉大沙漠，沙漠同时可能也掩埋了文明的遗迹。

对胆大的探险者和最优秀的考古学家来讲，对非洲古代任何一种文明的研究，撒哈拉大沙漠是一个有待发掘而又要认真对待的地方。不同的史料证明，在罗马帝国时期，撒哈拉还不全是沙漠，发源于阿特拉斯山脉和阿哈加尔高原的湍急河流形成河谷沟壑，在地面留下很深的痕迹。地理考古显示出不同地层、不同地理时期的植物、动物群落遗骸和史前人类生活中遗留下来的工具，同时也发现在撒哈拉、阿哈加尔高原、恩瑞迪高原岸壁上的石刻、壁画等文明印迹，可以推测，在这些冒险和征服之前的人类的迁移途中，都伴随着万字的流传。

# 巫医的箴言

布基纳法索地处非洲中部。在弗洛伊德之前更早的世纪，这个国家和非洲其他地区的郎中已创造了"谈话疗法""自由交往""行为疗法"。

普遍信仰原始宗教的这些非洲郎中，相信这块土地上一切都是超自然和形而上学的，要真正知道病人的种种体验，在与之响应过程中认识另一个人，就必须在他之中成为他。郎中们在治疗病人时，有的头上戴着画有万字的冠帽、念咒、跳神，望着一堆炭火分析病人的梦，讲些危言耸听的话语，把神的旨意写在沙盘上，花很长的时间同病人谈话，杀鸡宰羊并用血给病人洗头。这些赎罪的祭品和赎罪的仪式对治病救人非常重要，如果病人和医生精神沟通，达成共识，会收到良好的效果。但通常这类郎中被贬称为"巫医"。

这些"巫医"用现代术语应该称为精神分析医生。重要的区别在于，这些非洲的精神分析医生即"巫医"，治愈病人的一个最基本条件是，他自己必须成为病人，也就是说，他必须忘记他是医生，同时他又必须意识到自己是医生，这一悖论根源于他们自己的体验。分析者分析病人，病人也同样分析分析者。病人和

"巫医"此时此地相遇，世界上再也没有任何事情比他们相互交谈更重要。郎中与病人的关系超越了一般传统医生的角色，他不仅治愈病人，他也被病人所治愈，通过相互的"拯救"，二者融为一体，共同分享境界，不断觉悟。

跳神冠帽，皮，贝壳，毛发，面具上画了两个万字

　　"巫医"不仅是一个接生婆，其已成为一位导师，一个楷模，广受众人敬仰。

　　早期的西方传教士进入非洲开始殖民主义时代。这些传教士、殖民者极尽可能地把收集到的土著人的神像、雕塑，以及包括有万字的器物、祭品和别的一些东西堆在一起通通烧掉，试图使人只信仰一种宗教，一种文化。当然他们根本不知道什么是精神分析法，但如果他们当时知道土著人的那些东西和器物，现在会安置在纽约大都会博物馆或是在克里斯狄拍卖市场，可以卖到几百万美元，也许这些传教士、殖民者会将它们珍藏起来卖个好价钱。

　　据非洲出现的万字符号推测，万字最早出现在铁器时代迦太基人跨越过撒哈拉大沙漠时期。非洲是不是独自发明万字符号？这个问题目前似乎显得并不重要。在一切都是超自然形而上学的非洲大陆，默默流传着一句箴言："世界上没有一种文化能摆脱神经机能病的困扰。"这是非洲著名的神经病理学专家兰姆给从教皇到总统的每一个人的忠告。

## 飞翼王蛇

　　古埃及的象形文字中惟一接近卐和卍字的图形是一个 X 字形，但并不像我们通常遇见的万字图形。不少学者认为，埃及没有万字图形符号出现。史学家一般认为，埃及文明的出现应归于最早的苏美尔文明，如果找不到万字的证据，这中间似乎少了个联系环节。然而，在埃及有许多万字图形符号的模本。

　　考古研究认为，最早的万字图形出现在公元前 2000 年那些陶器上，那时埃及正处于十二王朝时期。但是这些陶器源于国外的 Cyprian 和 Carian，不少陶器被认为是希腊生产然后输入埃及的，在埃及发现并以其地理位置来归类，完全是为了方便。不过最新的资料证实，在尼罗河阿斯旺沿岸的岩石上，一只眼睛和万

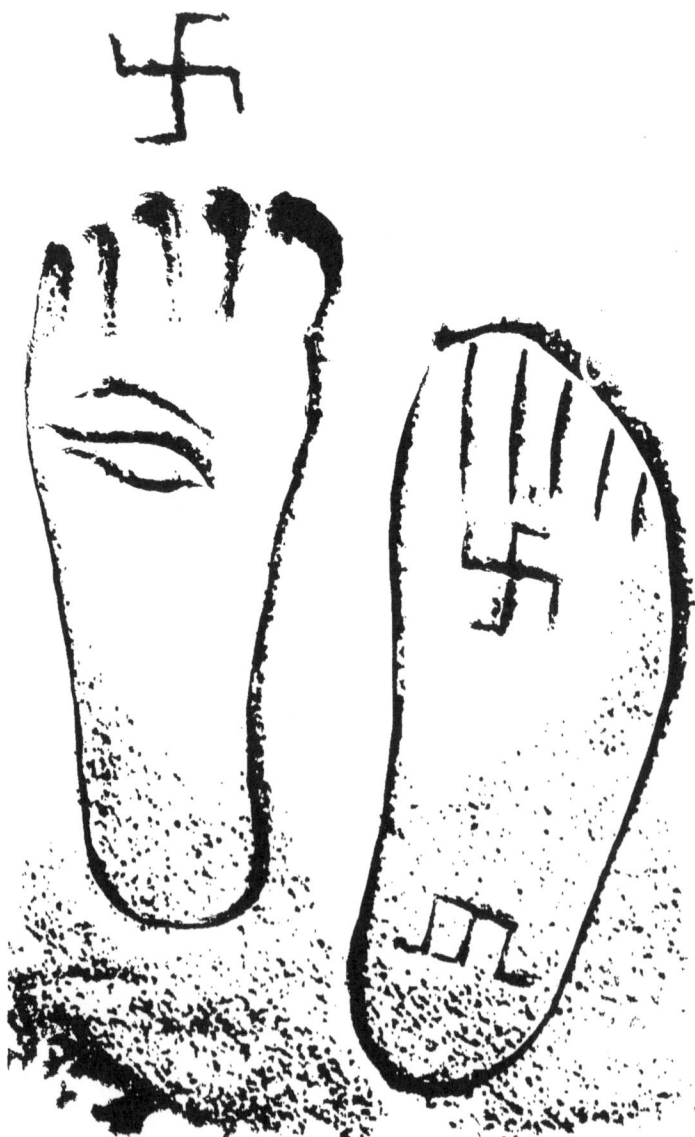

尼罗河沿岸的岩石上，一只眼睛和卐字符号刻画在一双神秘的脚印中

字符号刻画在一双神秘的脚印中，在旁边不远有太阳的眼睛——飞翼王蛇，守护着法老的巨大神像。迄今考古学家和史学家对出现在埃及、其年代可推逆到新石器时代的万字符号没有作出更多的推测和结论。

在所有有关巨大的金字塔、斯芬克斯和法老文化的神秘传说中所呈现出来的事实表明，尼罗河作为对埃及的天赐，引来各方豪强的入侵。亚述征服过整个西亚；其后的波斯王涉足埃及；亚历山大大帝将埃及作为马其顿的一个省；公元前39年罗马人占领埃及。埃及文明在这些世纪里一直处于颠覆之中。据传，公元前32年，最后一位埃及女王克娄巴特拉得知盖维斯·屋大维·奥古斯都在亚历山大城登陆，她服毒身亡，这位埃及艳后自

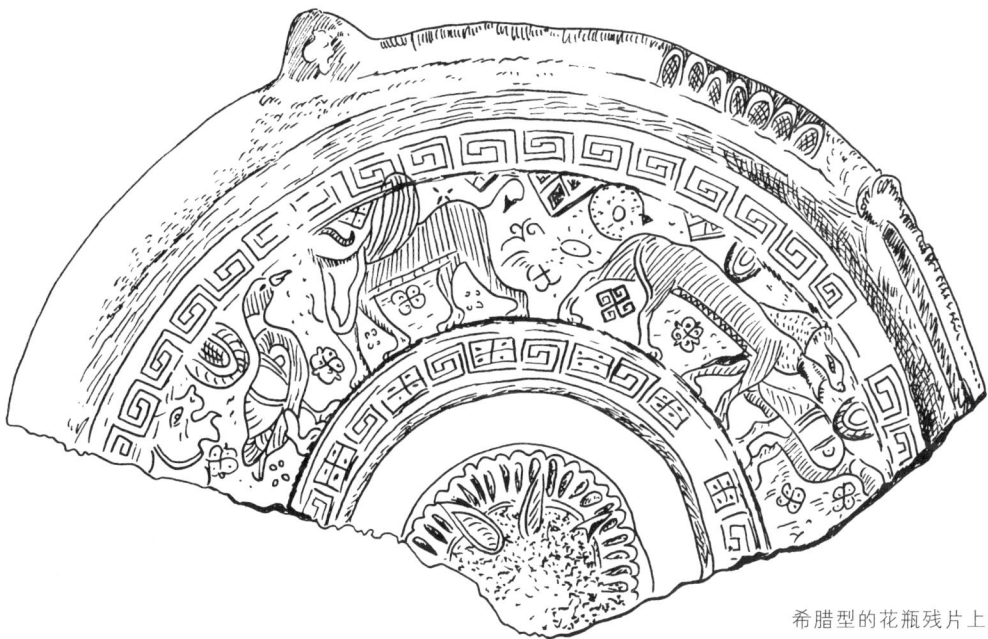

希腊型的花瓶残片上有神兽形象的动物和带回纹形的万字图案。古代埃及

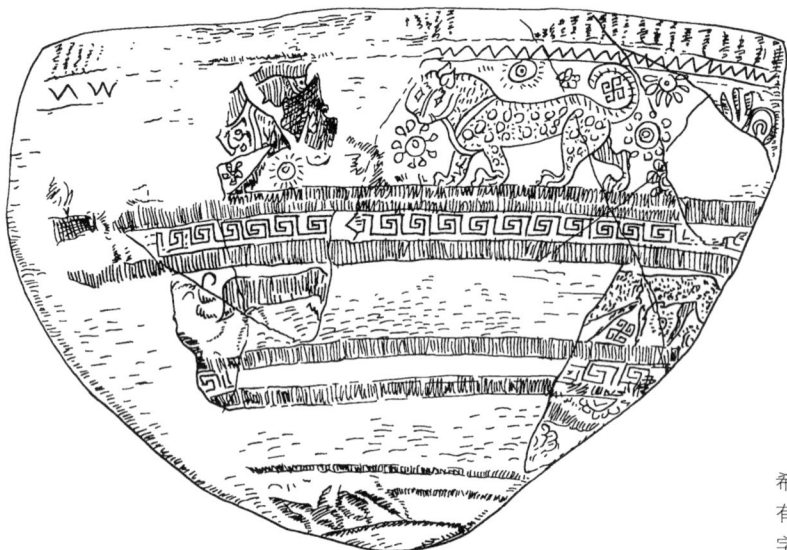

希腊型的陶罐碎片上绘
有动物和带回纹形的万
字图案。古代埃及

希腊型的花瓶残片上
有狮子和带回纹形的
万字图案。古代埃及

希腊型的陶壶上绘有
鹿和八个回纹形的万
字图案。古代埃及

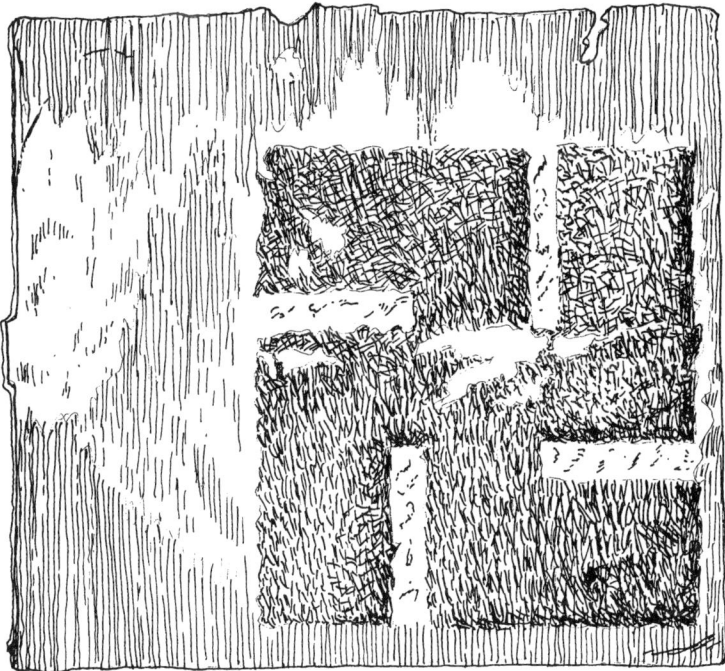

万字图案的埃及挂毯。
公元 1~2 世纪

杀时手指上戴有一只金环，金环上镶嵌装饰有万字和一条蛇在吞噬自己的尾巴。

也许万字这个图形符号不仅限于指证这个史实，它没有任何终极目标在引导历史，或许历史只是在它自己留下的脚印中，在刻画出历史的各种要素中不断分离，在原罪之眼中睽睽侧目，在王蛇的羽翼下权力意志永恒流变。

在开罗博物馆陈列有万字符号的陶器残片，不要以为它同那些我们看见的埃及史前文明巨大的神庙、神像相比不起眼。埃及的新文明是从公元前 3 世纪初期开始，变化应归于希腊移民的影响。希腊化时代托勒密王朝的埃及人就利用希腊字母来书写他们的语言。亚历山大图书馆是历史上第一个由国家供养的研究院，国家慷慨解囊支持科学研究，使整个地中海地区的精英人才纷纷来到埃及，这里成了希腊化文明的聚集地。公元 1 世纪有不少信仰基督的人也迁入这片土地，东方的宗教得到广泛的传播，埃及成了一个文化高度发达的中心，而万字这个充满历史细节的符号，是促进欧洲向文明的转变过渡的证明。

6 个万字组成旋涡状，3 个循环往复的井棱形中间刻有鸟和花朵。石灰石。公元 8 世纪。埃及

美洲包括南、北美洲，本书展示的图画，更多是北美印第安地区和少许中美洲地区的万字符号。哥伦布发现新大陆，揭开玛雅文明、阿兹特克文明、印加文明的面纱，然而我们尚不能对美洲大陆的三大文明有根本性的了解。美国国家博物馆保存一些在南美洲地区和巴西发现的万字符号样本。问题是，中美洲所发现的万字为什么刻戳在一块陨石的残片上？在玛雅语中"U"字形和 S 曲线形构成万字表示火，有什么象征含义？在密苏里州的印第安人地区，贝壳上啄木鸟图案形成万字符号又有什么样神秘的意念？阿肯色州发现的罐子上装饰万字符号，它还出现在印第安女人的项链和脚链上。在印第安人眼里万字成为一种神圣的角色。这种古老而令人惊奇的广泛传播的符号，被认为是东方宗教的一种标志，它是怎样进入美洲的呢？万字图案符号是产自这些人中，或者是从远处带来？考古学家和人类学家目前都不能做出明确解释。同样，北美印第安人何时进入美洲大陆？史前西半球和东半球有过交往吗？西半球存在过佛教吗？这些问题成了文化人类学史上的不解之谜。

或许考古研究的发现，能使问题的答案向前推进，但一切问题和结论需要进一步的发现来论证。目前的研究认为，印第安人属于蒙古人种，美洲最早的印第安人是在今天所谓的蒙古人种完全进化之前，就离开亚洲迁移至美洲大陆。有一种考古研究理论认为，在美洲大陆 6 万多年以前就有人类居住，印第安人可能是最早的居民，美洲印第安人几乎都是从西伯利亚东北部渡白令海峡而来的移民后代，最后一次大迁移是公元前 1000 多年。同时还认为迁居美洲大陆的移民没有带来什么文化，因为他们来自欧亚大陆最落后的西伯利亚东北部。然而玛雅人的圣历计算可以跨越几百万年。而公元纪也就 2000 多年，现代教科书把人类的文明最多再向前推 7000 年。

在美国的博物馆里和印地安人的保留地，都可以在建筑物装饰上发现万字图案。有意思的是，500 年间文化、文明的迁徙与颠覆，欧洲势力在美洲的不断增长，只有 200 年历史的美国让文明的活力登峰造极。

无论如何，美洲大陆发现的万字图案符号堪称坐标。

## 纳瓦霍人的祭奠仪式

约有 16000 名居民的纳瓦霍人，生活在今日美国亚利桑那州、新墨西哥州、犹他州，大概像公元前 1300 年他们的亲戚阿帕斯人部落那样，从加拿大迁居而来，形成了美国印第安人部落中一个重要的共同体。纳瓦霍人的兴衰历史、狩猎生活流传的故事，讲述英雄受伤或是迷路都去寻求神灵显示奇迹，显然受到普鄂布罗人耕种文明的影响。"底丝伊迪捷 – 其卡拉"是印第安人的称呼，意思是山谷里的圣歌，"喀瑞山"是先知居住的山中之地。人们不甚了解圣歌的演唱或是即兴的表演，但纳瓦霍人形成之初的神话显然是仪典活动的主题。

神话故事讲述古代有一户居住在喀瑞山附近的印第安人，他们靠打猎为生，那里地处荒漠，猎物稀少，后来他们迁到山谷中有河流的地方。这家有两个儿子和两个女儿，父亲每天让两个儿子去捕猎，念咒语帮助他们捕杀动物，只许他们去东面、西面和北面，警告他们不准去南面。有一天大儿子没遵守命令，结果被一群毡狄人抓住，把他带到远离他家的地方。在亚依比嗤神的帮助下，大儿子成功地逃了出来。纳瓦霍人的神话故事像其他任何部落一样，推崇他们崇拜的神祇创造了世界，敬重大地对他们部落的慷慨和滋养，由此创造出传奇的祭奠仪式。

　　纳瓦霍人的祭奠仪式完全是一幕幕舞台剧，法师和巫医们举行的许多活动具有表演性。为演唱表演的仪式活动要做广泛准备：

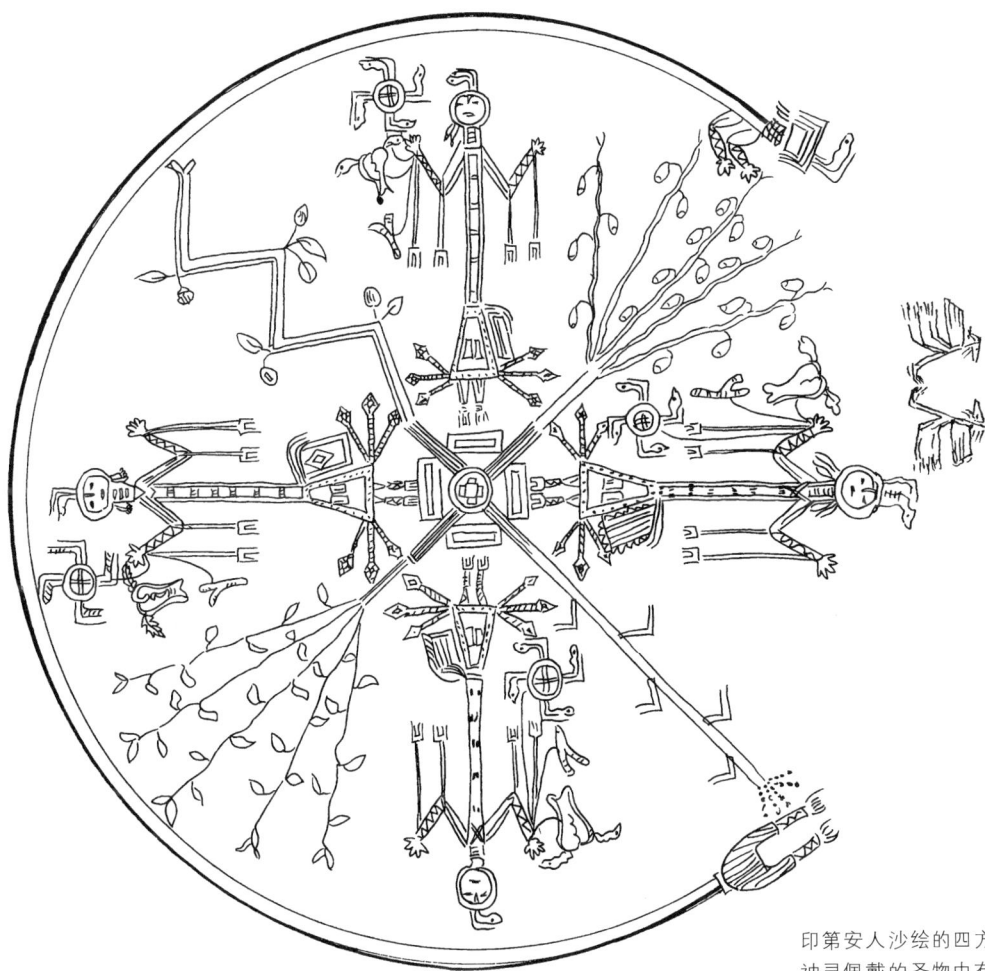

印第安人沙绘的四方神灵佩戴的圣物中有万字图形

修建一幢茅房，搭栅栏为观众提供方便等。通常这个仪式举行 9
天。节目安排好了，就开始发表演讲，说故事，唱圣歌。在系列
活动的第 4 天，纳瓦霍人会在栅栏内的地上用几种不同色彩的干
沙绘制图案，描绘的四方神灵佩戴圣物站在成矩形的四束光线照
射下，旁边有受到他们特殊保护的动物和植物，所描绘的图形符
号及符咒有 600 种之多。万字图形不管是变体或是独自出现，比
如有用彩沙描绘蛇构成的万字图案等，在仪式中都具有重要象征
意义。毫无疑问，所有这些经一定程序准备后制作的彩色干沙图
案都是神圣的，并且一年年地重画，没有拷贝留存下来，艺术家
们只能凭借记忆绘制它们。

北美印第安地区出现的大量万字图案符号附在不同物品上，这
些东西都是史前文物，与白人文明无关。正如人们所知，科罗拉州、
犹他州、新墨西哥州和亚利桑那州居住着许多印第安部落，他们的
语言相互独立，在文化和血族方面又相互联系。他们的文化形式十
分特别，现在居住的村庄还包括古代悬崖寄居地。人类学家认为，
对万字符号图案的任何研究，都不能忽视这些印第安人的文化。

极具有象征寓意的神话"康复仪典"，讲述的是一对纳瓦霍
人双胞胎，这对兄弟通常喜欢离家散步走得很远，有一天他们被
山顶上掉下来的岩石砸伤，大的成了瞎子，小的折断了腿，痛苦
和不幸笼罩着整个家庭。他们决定离开家园，去寻求神的帮助。
经历种种艰难险阻，跋山涉水，兄弟俩终于寻访到巴赫岚特神。
神像接待家庭成员般热情接待他们，巴赫岚特向这对双胞胎暗示
他是他们的父亲，同时在一个烟雾弥漫的茅房为他们举行身体痊
愈的仪典。治疗开始产生效果，双胞胎康复得很快，他们高兴
得欢呼起来，但这违反了在仪典中不能说话的禁忌，整个治疗失

效，他们又恢复伤情。后来他们承诺祭奉礼物于神，巴赫岚特再次显灵，他们的身体痊愈，还获得了法力。回到家园后，他们成了雷电和动物的保护神。

葫芦瓜做的拨浪鼓。装饰红、黑、白三色，每边有万字。印第安人舞蹈时摇晃拨浪鼓，里面的豆子或卵石会发出悦耳的声音

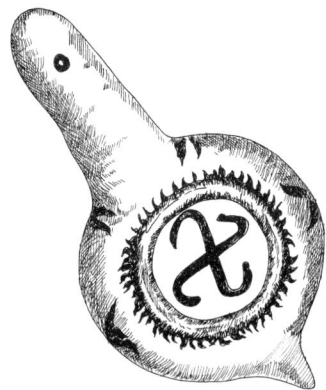

贝壳上刻有十字、环、太阳光和啄木鸟头环绕构成万字图案。密西西比河

编织有万字图案的印第安人的腰带

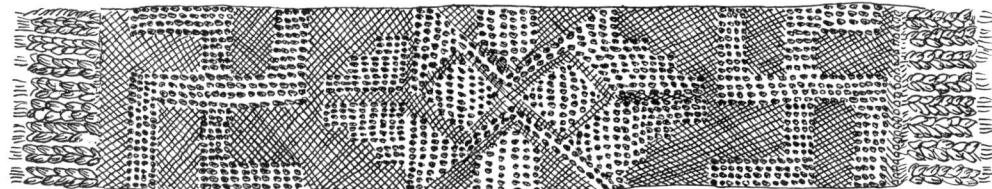

三脚陶器上刻有螺旋
形的万字。阿肯色州

陶壶上刻有旋转的万字图案。阿肯色州

陶壶上刻有旋转，环绕的复线构成的万字图案。阿肯色州

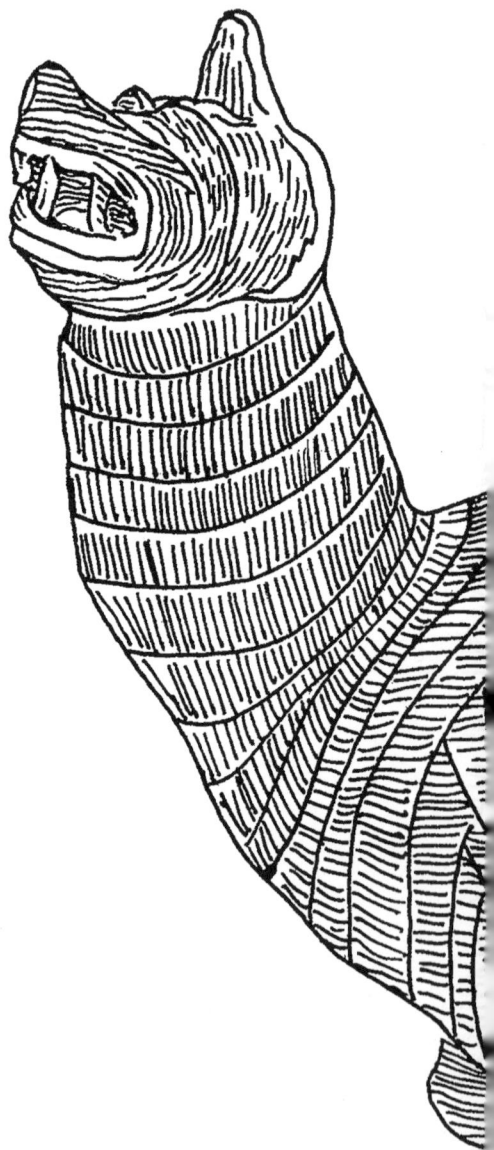

贝壳上刻的正方形旋转圆角、十字、八角环和啄木鸟头环绕构成万字图案。田纳西州

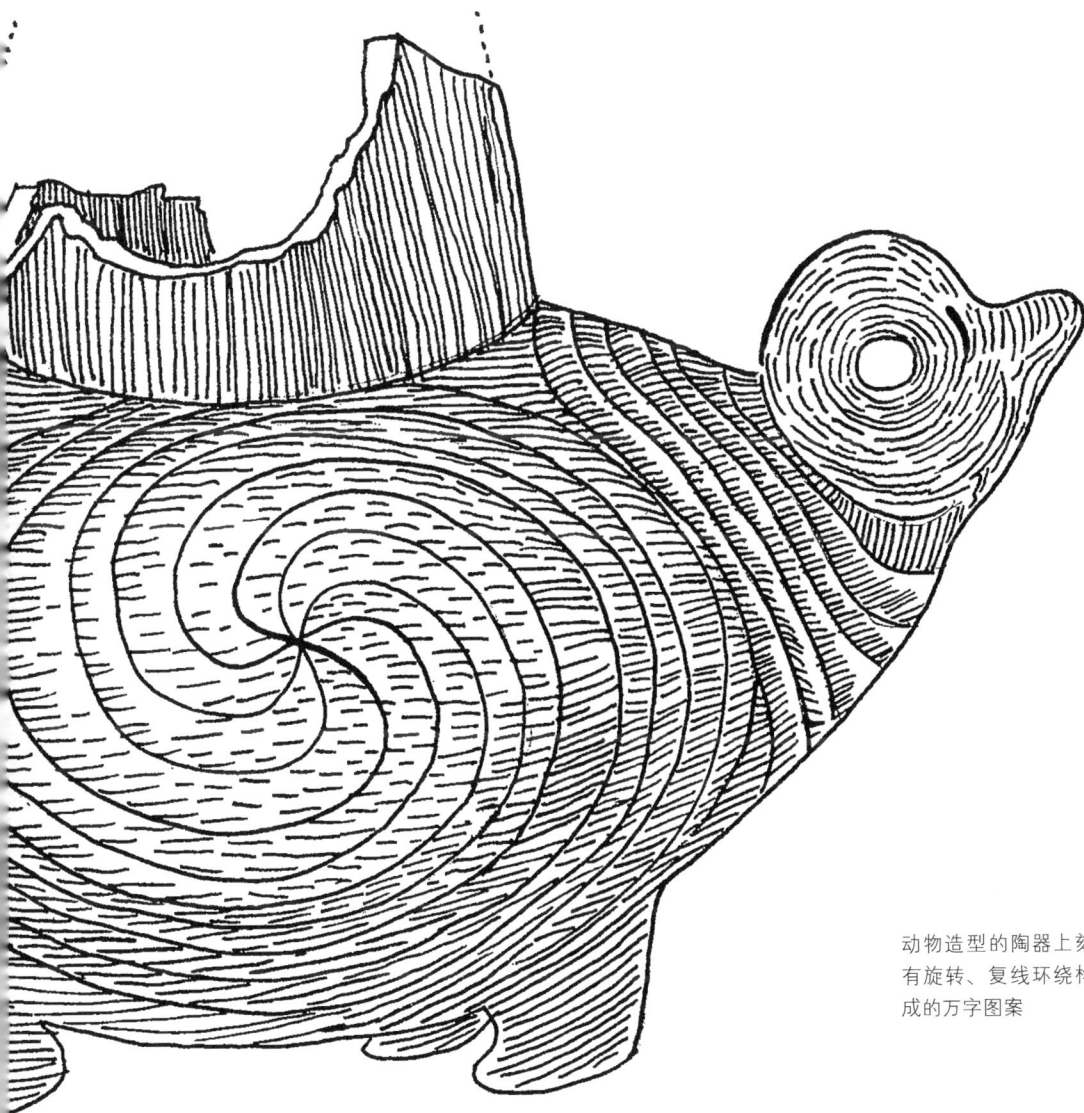

贝壳上刻有正方形旋转圆角、环和啄木鸟头装饰构成万字图案。田纳西州

动物造型的陶器上刻有旋转、复线环绕构成的万字图案

## 尼加拉瓜陨石

　　这个在中美洲尼加拉瓜发现的刻戳在一块陨石残片上的十字，其凹下的轮廓是个希腊十字，奇妙的是在中心凸起的线条结构却形成一个万字图像。除了这个万字的一条弯曲的回纹被一条浅槽沟从中心点化过，它的形状非常完美，一个既古老又现代的十字，一个单纯又简单的万字。一些墨西哥人认定它显示出佛教流传的渊源，但考古学家还未能作出结论。

尼加拉瓜陨石，凹下
的轮廓是个希腊十字，
奇妙的是中心凸起的
线条结构是一个万字
图形

## 宛如 USO 的玛雅手稿

　　犹卡坦半岛位于中美洲地区，在公元前 1000 年，这里形成了美洲印第安人最古老的文明——玛雅文化。玛雅人是最早使用文字的美洲印第安人，他们共有 800 多个图形，可以组成 30000多个词汇。在玛雅人的文字中有类似于万字的图形符号。入侵的西班牙殖民者贪婪黄金，残忍地铲平了辉煌神庙，熔化了阿兹特克人的精美手工制品，他们视玛雅文明为异端，大量销毁玛雅人的书写手稿，致使玛雅手稿目前仅残存三部，至今学者们尚不能完全释读玛雅文字。

人类学家在玛雅文化遗址发现了一块古老的石板残片，是一个呈 "S" 形曲线的万字。有的学者认为，石板残片上倒写的 "U" 字形、圆环和 "S"形曲线的万字在玛雅语中表示火的意思

**亚**洲产生了世界上的三大宗教：佛教、基督教、伊斯兰教。西方人、东方人都在猜测亚洲信奉的圣灵是不是隐匿于万字中四处迁移？希腊人在 2000 多年前就有了亚洲这个概念，他们在故地以外寻找自己的神灵和神话并非假设。那些生活在美索不达米亚，即幼发拉底河与底格里斯河两河流域之间的苏美尔人、巴比伦人、赫梯人以及亚述、腓尼基、波斯、高加索地区和小亚细亚等传统东方古国的先哲们，早已将文明传至非洲，经过希腊抵达欧洲。可以说，东方的亚洲是呈现人类社会形态的初

玛雅手稿。图画中规则排列着的图案代表日历表，每月二十天，一周期（年）为二百六十天。僧侣从左到右看完这些图案后，就能计算出谷物的生长期。在规则排列着的图案中有卍字形出现。公元 12 世纪

始地。

万字符号几乎在所有亚洲国家中出现。如果在亚洲，要给万字下一个明确的定义，也许能找到许多论证，其中佛教认为万字表示人的灵魂可以轮回转世、万古不灭，而万字在世俗生活中代表福寿安康、吉祥美好之意。但我们能否认为，万字符号的流传伴随着文明的迁移，是亚洲东方化的意识？这种界定很让人困惑，因为亚洲的地理文化甚为复杂：阿拉伯何时是亚洲的部分，何时又不是？阿拉伯人自称"阿拉伯岛国"。俄国有部分疆土在

亚洲，但它的文化意识属于欧洲。亚洲西部高原的中国、印度是通往希腊、罗马的必经之地。小亚细亚与西欧分界的马尔马拉海峡、博斯普鲁斯海峡、达达尼亚海峡，在南部与地中海相邻。历史上的巴比伦人、亚述人、腓尼基人、波斯人，马其顿人、罗马人、土耳其人、阿拉伯人，千百年来都在这一地区争战不已。多种文明此起彼伏、相互影响，亚洲就像一个巨大的文化搅拌器。

考虑到美索不达米亚地区对最初的欧亚大陆文化普遍性的影响，万字图案符号在亚洲社会的普遍使用，以及根据史前考古发现所判定的人类共性中的差异，不妨推测，万字符号有可能是史前东方时代的一种文明标记。由于万字的持续迁移、落地、流传，而给世界各地带来了各有不同又长久深远的影响，在历史上不同时期和不同地区万字都呈现信仰崇拜、权力意识以及独特的艺术风尚。

## 高尚的野蛮人

美索不达米亚受惠于幼发拉底河和底格里斯河的滋润，是《旧约》全书中所描绘的人间天堂。在两河流域一带定居的苏美尔人，据目前的证据显示是世界上早已使用万字图形符号的居民。

考古学家在哈苏拉文化遗址、梭万遗址以及伊拉姆文化遗址发现不少万字符号刻画在陶器上，最著名的是撒玛哈文化（culture de Samarra）遗址出土的陶器上，发现世界上最古老的与鸟、兽、鱼、虫和随四季之风舞蹈的人类在一起的卍与卐图形。

但是，人们对一些基本的问题尚无明确定论，对古代人类使

迄今所知世界上最古老
的万字符号同鸟、鱼
在一起。撒玛哈文化。
公元前 7000 年

用、崇拜万字图形符号的许多看法至今仍是推测。迄今，我们仍
不清楚苏美尔人到底是什么人，苏美尔人既不是印欧人的一支，
也不是闪米特人的一支，他们来自何方？他们是不是美索不达米
亚流域地区最早的居民？或者他们只是从更早不知名的种族发展
起来的？有种猜测认为他们来自东方某地，因为他们的语言同汉
语相似。目前人们普遍认为，美索不达米亚是人类文明的摇篮，

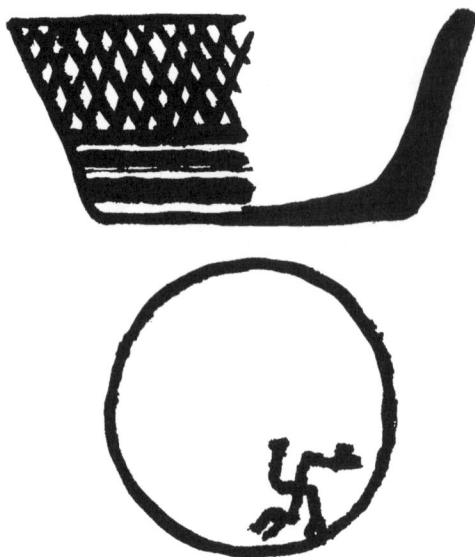

陶盆底部有一个万字。撒玛哈文化。公元前 7000 年

陶盆残片上有动物变体图案和万字。撒玛哈文化乔加·玛米。公元前 7000 年

苏美尔人成了人类初始文明的伟大创建者。这里诞生了最早的农业，建立了最早的城市，发明最早的文字，颁布最早的法典。特别是他们发明的文字，在那些泥板上刻画的楔形文字记载了口头传说、神话故事、社会习俗、宗教传统。

万字的出现早于文字，在使用流传过程中它又独立于文字，这可能是诸神的意志。如果诸神的意志和行为无法预测，那么苏美尔人在文字上记录对自然的恐惧和遭到不断入侵存在的不安全感，诸神是否又在暗示，个人的愿望可以通过它传达给相隔遥远的神灵？对在公元前 3500 年至公元前 1500 年前后迁移入侵这一地区的闪米特人和印欧人，万字符号标志可能起到文明演化的功能，使古代中东成为广阔的文明地区。这个演化过程不断出现诸多不可预测的人类社会行为，一直影响着后人。有不少思想家和诗人都把史前古代文明结束前的人看成"高尚的野蛮人"。他们极其幸福，可以自由自在无忧无虑地享受生活中的乐趣，没有社会等级差别，没有被文

陶胚印章上凸出左右
两个不同方向万字符
号图形和动物在一起。
鄂拉姆文化遗址。公
元前 6000 年

明的腐败所污染。两河流域最早出现的万字符号图形同
万物生灵在一起，这是否意味着所有信息应该回到真实
的本源上来呢？万字诠释的是一个什么寓言呢？

　　美索不达米亚——人类文明的发祥地，今天早已被
一片广袤无垠的荒原所掩埋，似乎也掩埋住了我们微弱
的感受。也许苏美尔人并不曾想到，当他们刻画下第一
个万字符号时，就传递印证了生死、艺术、哲学、战争
和法典的因果关系，从而不可避免地深刻影响我们所知
又不可知的生活。

鼓动的四季之风？ "野蛮人"的人
类形成一个万字图形。陶盘，撒玛
哈文化。公元前 7000 年

# 特洛伊——宇宙性的标志

海因里希·谢里曼博士小时候贪婪地阅读了荷马史诗《伊里亚特》和《奥德赛》，他声称在 7 岁时就非常痴迷景仰荷马描述的有关特洛伊传说中的英雄和诸神，决心一定要找到希腊人与特洛伊人为海伦而战的那座古城堡。

年轻时代的谢里曼浪迹天涯，游历四方，他有敏锐的头脑、惊人的记忆力和无穷的精力，加之许多大胆的狂想，经商又使他聚集了一笔财富，他甚至靠走私搞到一大笔钱用来购置去特洛伊的探险设备。

圆锥的纺锤状形物，万字图案和刻有俩个眼睛似的圆环。特洛伊第三城遗迹

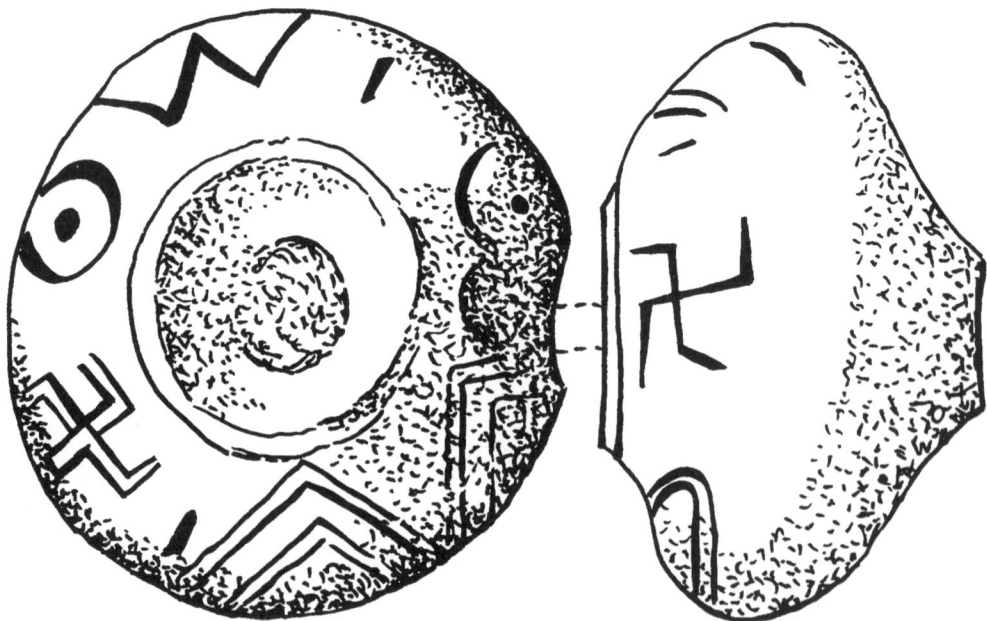

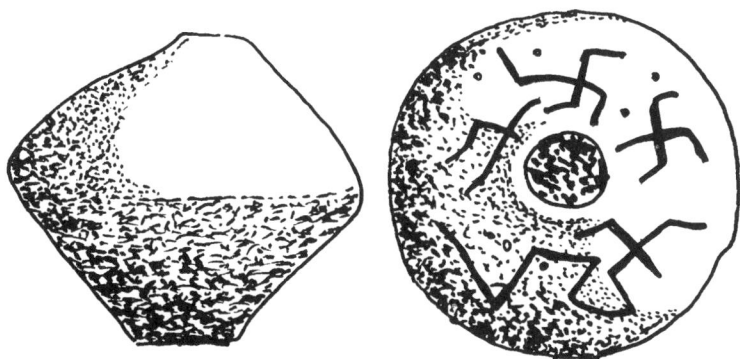

圆锥形的纺锤状环形物，刻有不规则的万字和十字，极富想象力的点、折、星座之形。特洛伊第四城

1870 年谢里曼去小亚细亚西北角开始发掘探索。在那里，他发掘出比荷马史诗中所描述的特洛伊城至少要早 1000 年的古城镇废墟，这是考古学上获得的巨大成就。特洛伊出土文物中有大量的卐和卍的图形，附在圆锥形的纺锤纱锭、陶器和精妙的小雕像上。海因里希·谢里曼博士对他所发现的城市及许多物品上出现的万字图形作了详尽的描述，他按记录从最古老的第一城到第七

圆锥的纺锤状环形物，刻画有一个或多个万字，神秘的多触觉线体。特洛伊第四城

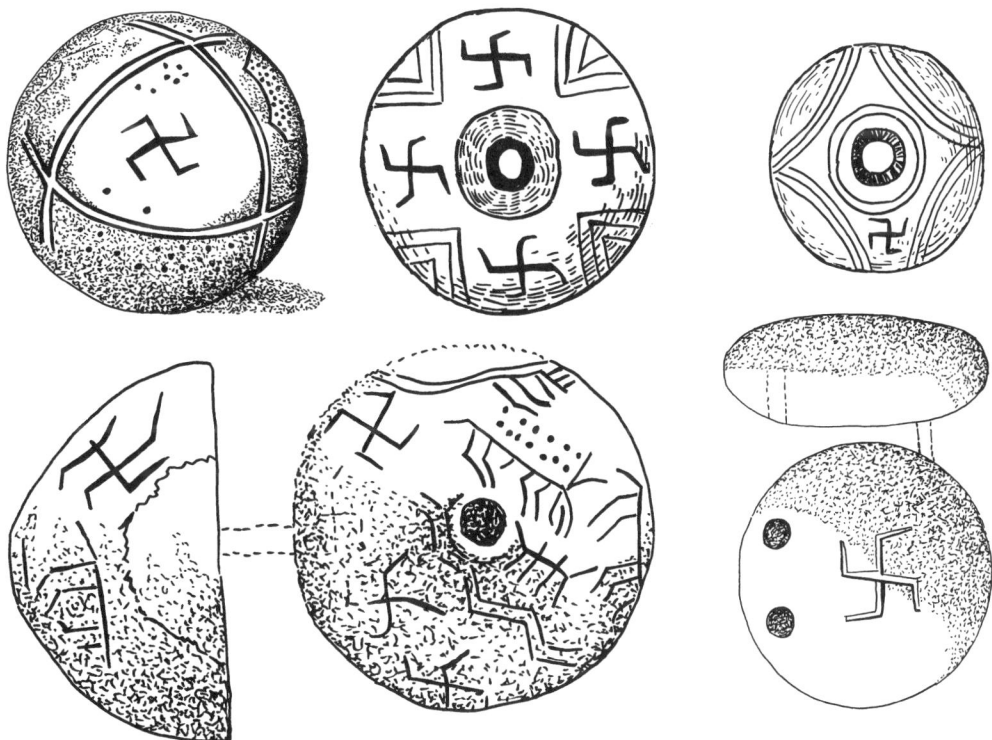

圆锥形的纺锤状环形
物，刻有不规则变形
的万字和十字。特洛
伊第四城

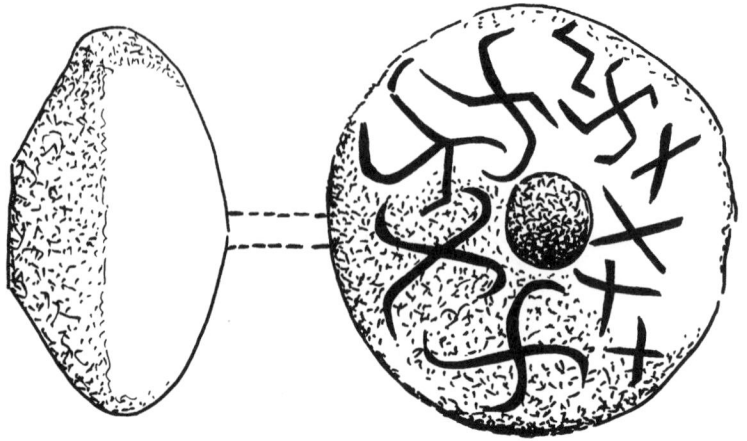

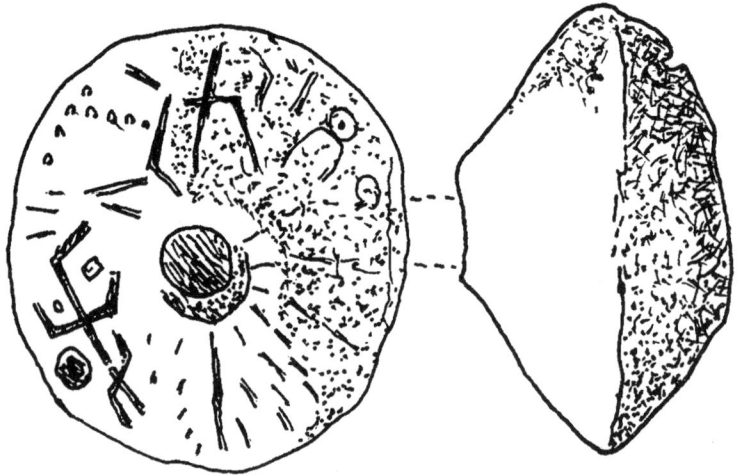

圆锥的纺锤状形物，
万字变体间刻有圆环，
如同神秘的星际符号。
特洛伊第三城遗迹

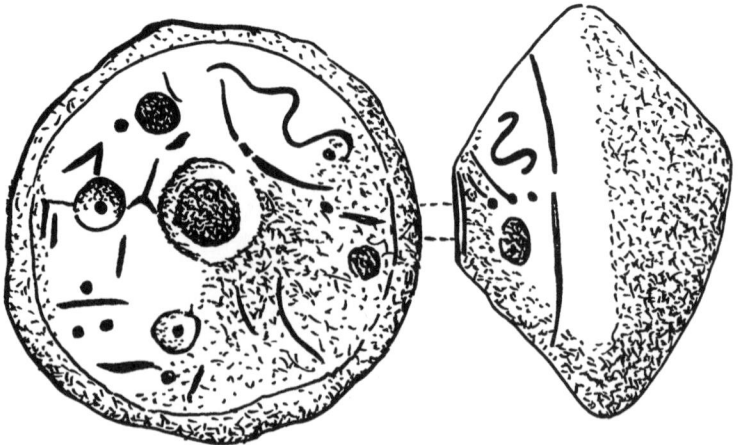

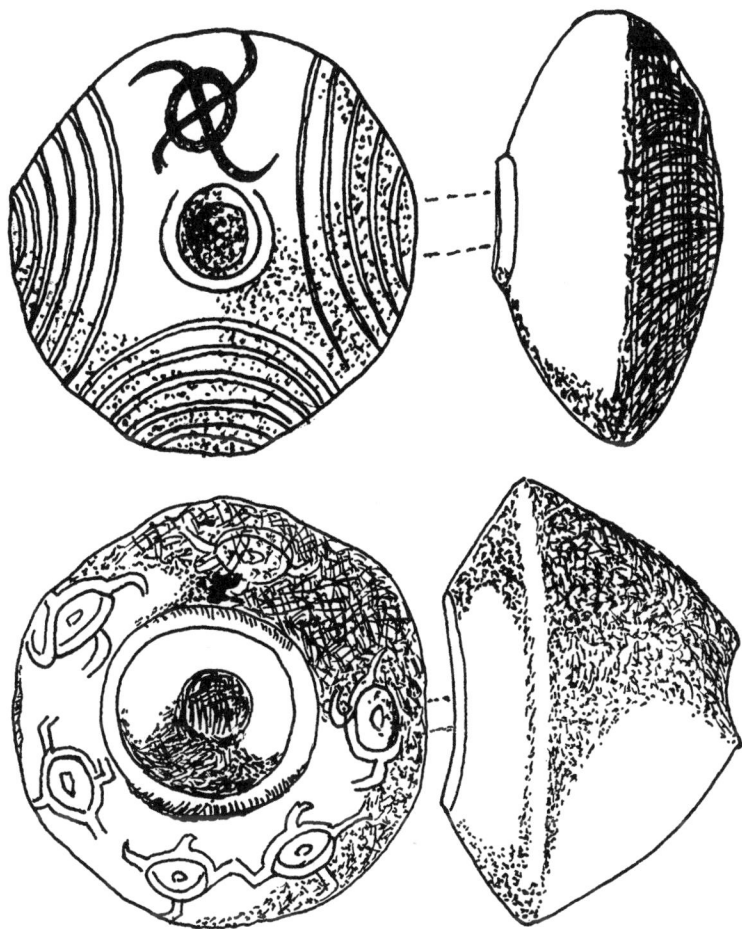

圆锥的纺锤状形物，
圆环和万字符号相交。
圆环形的 6 个万字中
间刻有点。特洛伊第
三城遗迹

城进行分组。最早卐和卍的图形出现在第二城有螺纹的陶片上，在第三城和第四城卐和卍字的图形频繁出现。他在赫児阿扼尼卡（Hissarlik）山坡挖掘期间发现不少于 1800 个圆锥形的有螺纹的纺锤沙锭，它们形态各异，那些螺纹图形和极富想象力的点、折、星座之形，以及许多难以描绘的图像，和万字的图形组合在一起。

在荷马的指引下，谢里曼深挖特洛伊，印证迈锡尼，目睹了阿伽门农的面容，他的发现，画出一个惊人的问号：是不是在特洛伊战争年代之前的 10 多个世纪里，爱琴海沿岸的特洛伊居住着一个神秘的、更富有智慧的民族？

希腊古代哲学家曾宣称小亚细亚是人和宇宙的发源地。谢里曼凭直觉的推断力宣称：万字这个图形符号是一个宇宙性标志。在他死前，他决定把这些文物全部捐赠给美国，现在这些文物珍藏于美国国家博物馆史前人类学部。

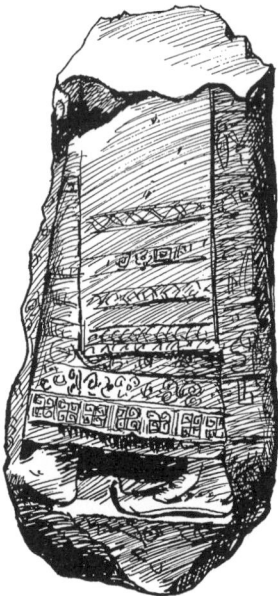

## 传统东方古国

古埃及、古波斯帝国边疆遥远，濒临黑海、死海，其疆域在不同的时代发生变化。一直作为欧亚大陆连接桥梁的小亚细亚和今天划分为欧亚分界的高加索地区，同巴比伦、亚述、迦勒底、波斯等传统东方古国繁荣养育出的史前文明在历史进程中相互依存，也许通过研究万字的符号图形流传中的蛛丝马迹，能寻找到人类文明演进相互间所起过的重要作用。

人们从哈图萨斯遗址挖掘出的 25000 块刻字泥板了解到，赫梯文明祭拜上帝，向许多神明认真祈祷，不仅有天生的强烈的好战意识，还具有显著的宗教宽容精神。赫梯人使用万字符号是出于对菲亚普尔神的绝对信奉，他们把国王像刻在石碑柱上，国王袍帐和万字紧密相联。从这里人们能寻找与凭吊传统东方古国过去的辉煌与光荣。然而时至今日，这些传统东方古国的名字，连同文化繁盛之地和居民起源的痕迹已经消失得无形无迹。

在高加索地区发现的万字图案极为标准，它刻压在青铜器上，另有一种特异的风格。有的学者认为，它们属于第一铁器时代，当时的手工艺术品相当精巧，万字图形被频繁使用，其原形逐渐演变成各种形式——十字形、圆形、螺旋形、棱形、波纹形等。

石碑上雕刻赫梯老国王像，万字和象形文字。公元前 850 年。伊斯坦布尔，人类学博物馆

展翼的塞浦路斯女神
身上和四周有不同形
式的万字图案。陶盘。
大英博物馆，伦敦

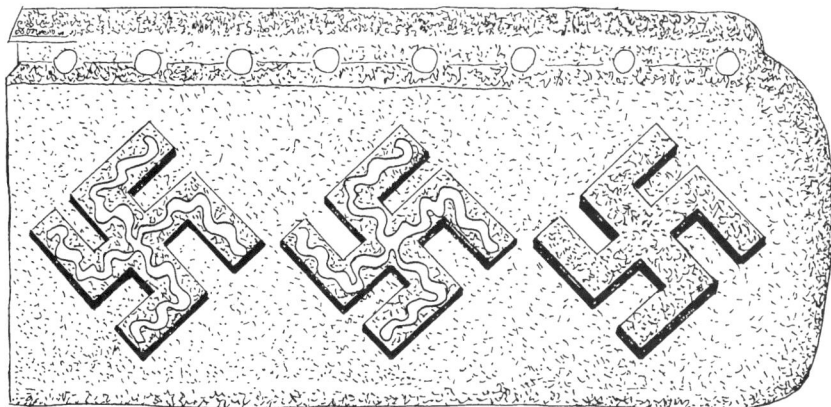

青铜腰带上压制成型的
万字图案。青铜时代。
亏坂，高加索公墓

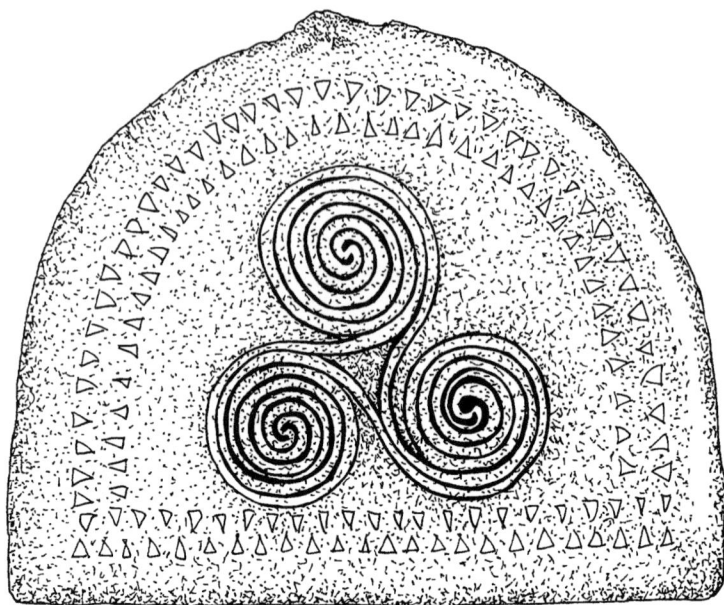

青铜腰带上万字形的
压制品。亏坂，高加
索公墓

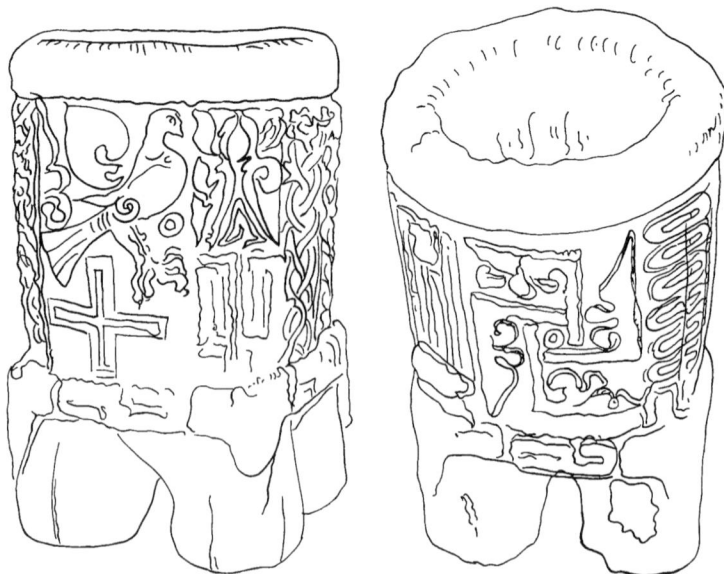

石缸上雕刻有花鸟、十
字、万字。中亚地区

# 文明的过滤器

在公元前动荡而富有创造性的年代里，通过塞浦路斯的几个停靠港，可以进入驿站密布、道路交错的汉漠拉比国王统治下的强大的巴比伦王国。

塞浦路斯人首马身雕像，其上部有 1 个万字图案。人类学博物馆，巴黎

塞浦路斯女人雕像，身上有
4个万字图案。雕塑。大英
博物馆，伦敦

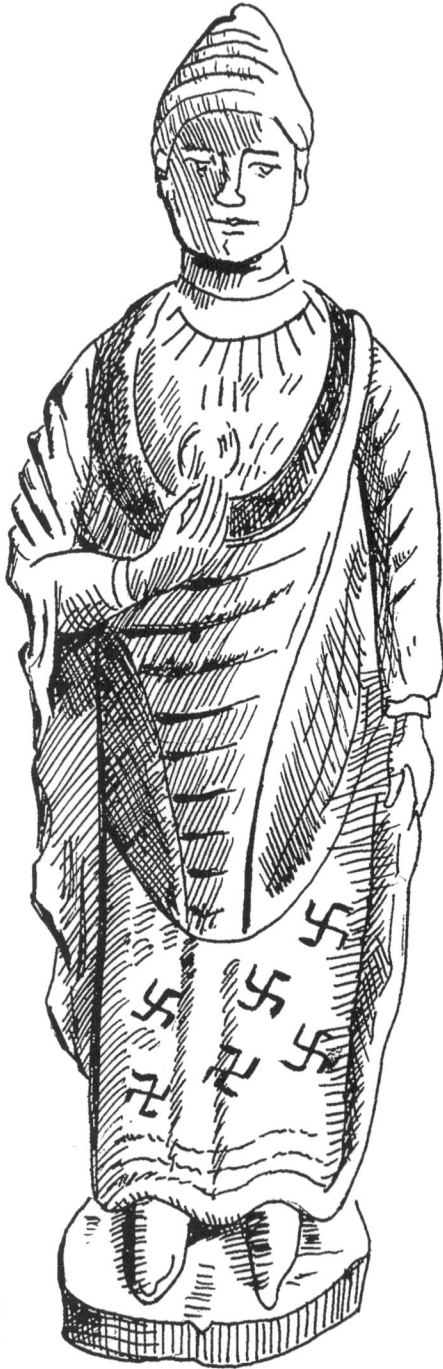

塞浦路斯女神。身上有6
个万字图案。雕塑。大英
博物馆，伦敦

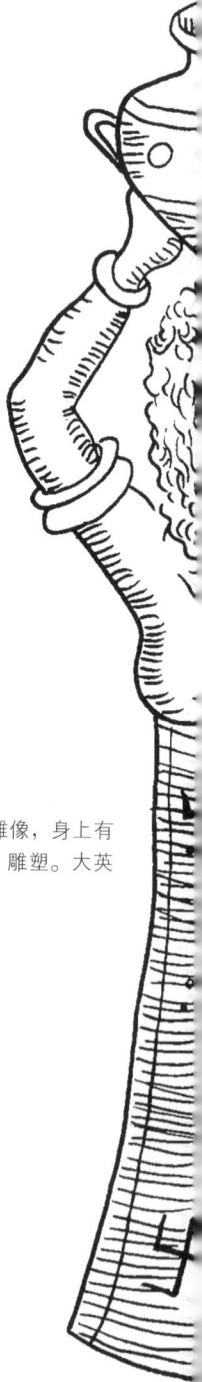

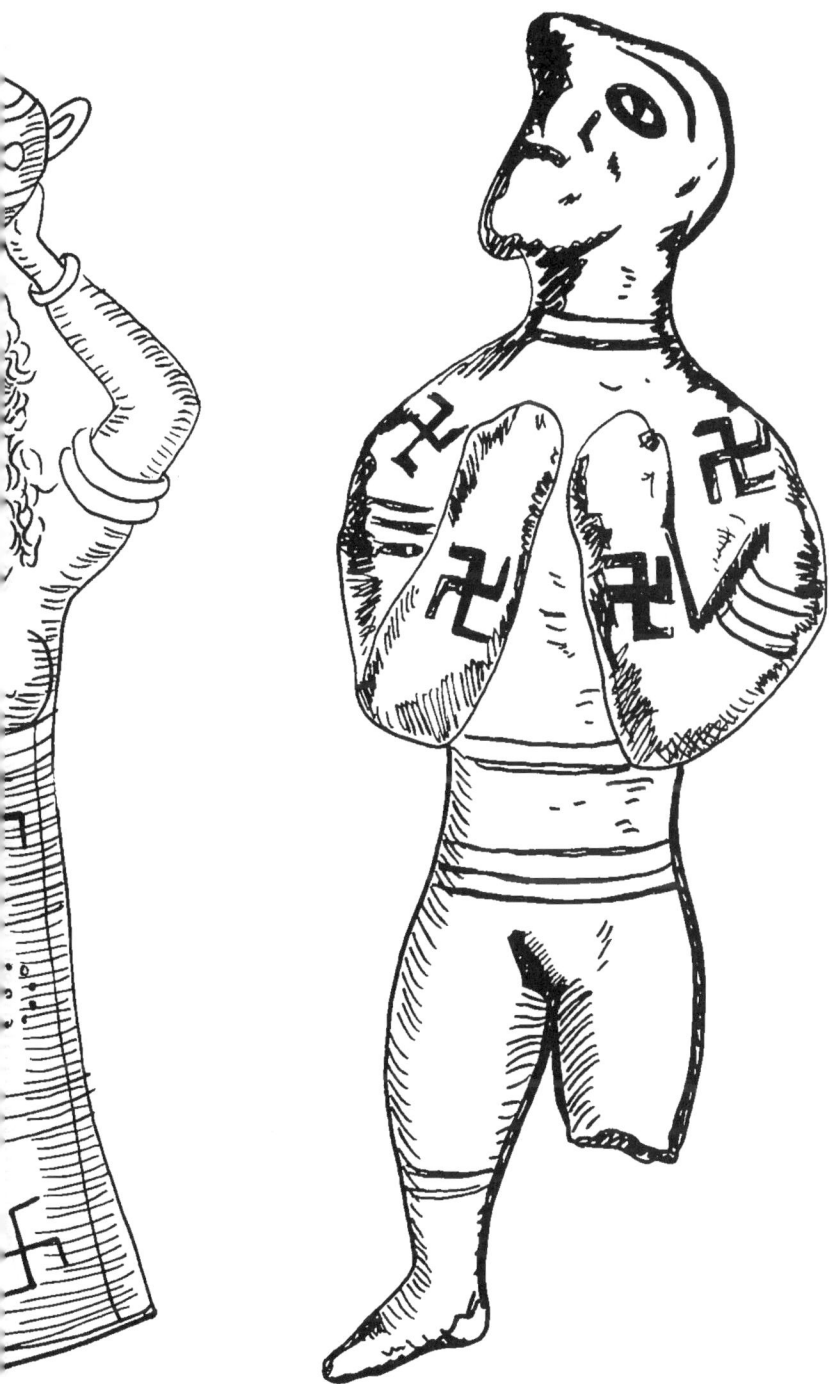

祈祷女神赤陶雕像，
身上有 4 个万字图案。
人类学博物馆，巴黎

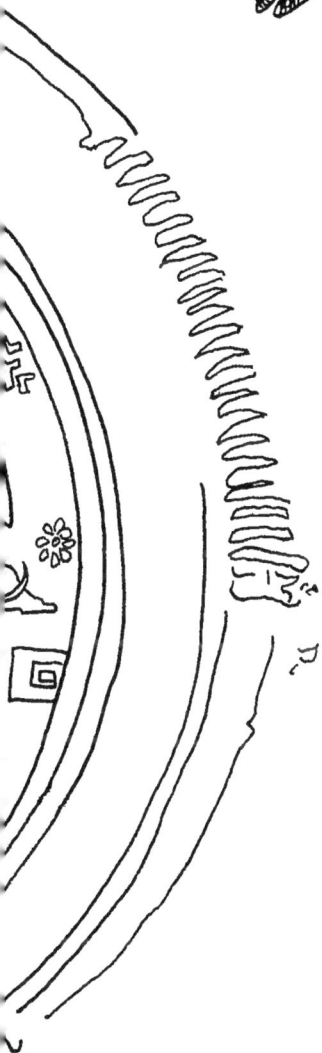

塞浦路斯花瓶及其细部，鸟和万字图案。大都会博物馆，纽约

野猪和回纹形的万字图案。陶盘。大英博物馆，伦敦

塞浦路斯陶板，几何装饰纹中镶嵌万字图案。大都会博物馆，纽约

塞浦路斯花瓶，浮雕
和万字图案。大都会
博物馆，纽约

塞浦路斯群岛作为希腊的海外殖民城邦，扼守亚、欧、非三大洲海上要冲，它是一个文化的蓄水池，但更像是一部安置在地中海上的文明过滤器。

塞浦路斯群岛传统中的主神是希腊神话传说中的爱与美之神阿弗洛狄忒（Aphroaite–Astrte），她身上带有腓尼基的影响，这可追溯到铁器时代。

在考古发掘出的不少人物塑像中，某些部分标有万字的符号

塞浦路斯花瓶及其细
部，鸟和万字图案。
大都会博物馆，纽约

图形，多多少少带有宗教含义并显示出它的神圣形式。万字这个
符号在塞浦路斯群岛象征着光、太阳、牺牲、雨、闪电、风暴和
季节的意念。

塞浦路斯花瓶，2 个万字符号，鸟
和鱼图案。大都会博物馆，纽约

# 武则天造字

考古发掘出土的万字图形符号，在中国有 4500~5000 年的历史。

中国的考古界通常有一种观点，称那些附在新石器时代陶器上的卐和卍图形符号是蛙纹的变体。考虑到万字作为一种明确象征符号出现在美索不达米亚有 9000 年的历史；北欧太阳轮是个万字图形，刻在瑞典的岩石上据说有 12000 年，再认真地考察一下人类的迁移途径，把万字图形符号称为蛙纹的变体，在我看来，这一结论显然是不准确和可以商榷的。

中国文明与欧亚大陆其他文明彼此相异，也只能是说从夏、商、周之后，问题在于中国文明从新、旧石器时代到青铜时代是如何联结的？整个中国先秦时期，大体存在四个主要文化区，分别构成了华夏文明、吴越楚文明、东夷文明、燕辽文明以及古蜀国的三星堆文化。但人们始终感兴趣的问题是：这些先人是从哪里来的？有的史学家和人类学家认为苏美尔人讲的语言同汉语相似，如果为中国的夏、商、周三代找到一个比三皇五帝更可信的源头，苏美尔人或是边远的游牧人会不会花数千年的时间迁移到中国来呢？除了那些新石器时代附在陶器上的万字图形符号，在中国文化区域内出土的青铜器似乎还没有发现明显的万字图形，但在这些青铜器物中我们能找到它们与万字之间"非符号化"的不同变体形式。中国从新、旧石器时代到青铜时代，文明会是以一种跳跃的、变通的方式来传播吗？

公元 3 世纪以前的中国，如果说器物上出现的万字仅是一种装饰纹样；那么，在北魏菩提流支译《十地经论》里则明确地把

青海柳湾马厂类型彩
陶上不同形式的万字
装饰图案

陕西商代青铜钺。蛙纹万字的变体

卍这个符号译为"万"字，有"万德圆满"之意。唐代高僧玄奘把这个符号又译为"德"字，意为"功德无量"。

公元690年，武则天废李旦自立为帝，改国号为周，命令僧法明造《大云经》宣称，武则天系弥勒佛降生，应代唐为阎浮提主。

武则天还以造字闻名。关于武则天造字的个数，有15个、17个、19个、21个多种说法。武则天造字除了选用的古字，多为会意字。她还打破了汉字的方块结构，创造了几个圆体结构字。把"卍"字放在一个〇中成为"日"字，将"乙"放在一个〇里边成为"月"字，一个〇就表示"星"字。华盛顿美国国家博物馆所藏的一幅中国传统绘画，题记明确写道："唐武后僭号大周天册金

马厂类型彩陶，万字
装饰成连续的图案。
青海，中国西北地区。
公元前 2500 年

唐武后僭號大周天册金輪神聖皇帝自
造文字日為⊕月為⊖星為〇當時馮
善廊造浮圖銘法門寺碑涅槃經信法
寺碑潘尊師碣獲嘉懸浮圖銘王仁
求碑梁師亮墓誌銘小石橋碑岱岳觀
碑凡日字皆作⊕形

武则天时代（公元 684~704 年）创造了一些符号文字，日为⊕，月为⊖，星为〇。这些文字广泛运用于当时的写作中。中国传统绘画。华盛顿，美国国家博物馆藏轮神圣皇帝自造文字，日为🜨，月为☽，星为〇。"

癸巳长寿二年（公元 693 年），武则天命令将卐符号明确规定为"万"字。

在武周时代，这些字在墓志碑刻中被采用，所以有分期断代的作用。当时流传下来的一系列碑铭，如冯善廓造浮图铭、法门寺碑、涅槃经、信法寺碑、潘尊师碣、获嘉县浮图铭、王仁求碑、梁师亮墓志铭、小石桥碑、岱岳观碑，这些碑铭上凡日字皆作卍形。唐代慧苑在《严华经》中注曰："卍本非字，周长寿二

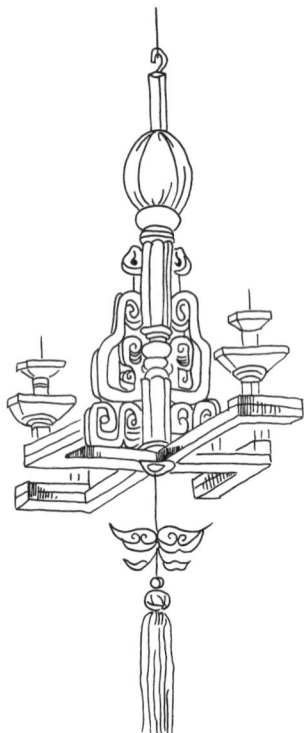

万字图形的彩灯

中国古代建筑万字图案通常作为吉祥装饰纹样

年，权制此章文，音为'万'谓吉祥万德之所集也。"

在佛经中，卍字有时亦传写作卐。慧琳《一切经音义》卷二十一认为应以卐为准。

万字这个图形符号在中国有源远流长的历史，纵观中国古代对卍这个符号的使用范围，无论是过去还是现在，都象征着吉祥如意、子孙绵延、福寿安康的美好祝愿。

史料记载，唐朝一位高官送给皇帝一头水牛前额头上长有万字图案，皇帝则赐他一匹良马。中国传统绘画。华盛顿，美国国家博物馆藏

## 地之肚脐

中国西藏海拔 6000 多米的冈底斯山被藏族人称为"冈仁波齐"，意为众山之王，它的壮丽是一个梦想、一种诱惑和一生的渴望，这片洁净的土地不可取代的更是无畏的情感和信仰。

不分年月，不分季节，世界各地虔诚的佛教徒，摇着转经筒，不畏艰难险阻，爬山涉水前去朝拜。藏文史料记载，源于冈

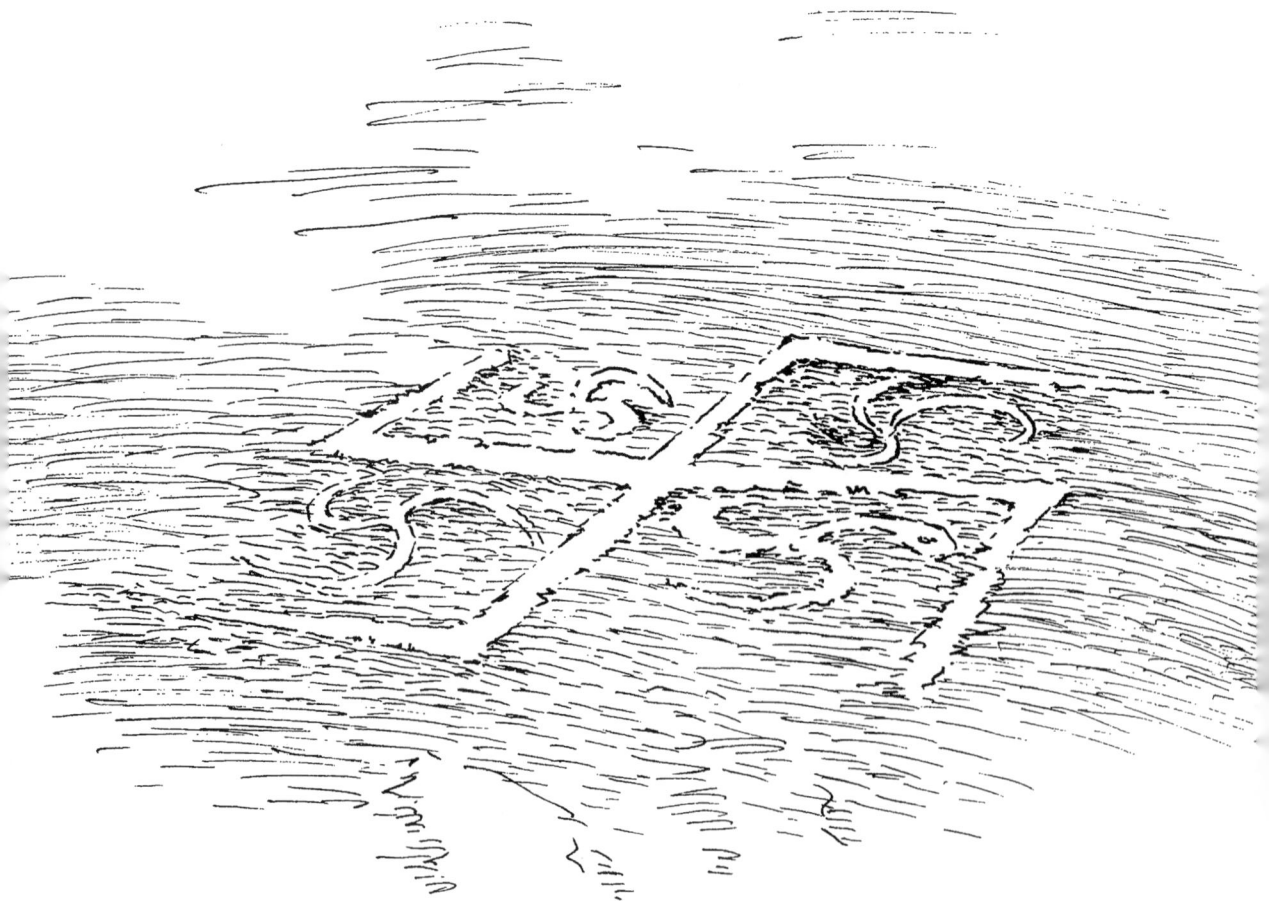

藏民用石灰画在旷野大地上万字的图案，以求风调雨顺，五谷丰登

底斯山、冰雪面积为 330 平方千米的玛旁雍错，即汉族神话传说中西王母居住的瑶池。虔诚的佛教徒朝圣者相信要在"圣湖"周边绕湖一周，"圣湖"东为莲花门，西为去污门，北为信仰门，南为香甜门，信徒在这 4 个洗浴门沐浴净身，能洗掉心灵上的"五毒"（贪、嗔、痴、怠、嫉），使肌肤得以洁净，灵魂得以拯救。

冈底斯山被佛教徒视为世界和宇宙的中心，喇嘛教尊为圣洁之地。印度人则以此山为湿婆的乐园。这里犹如一个佛教徒的地理概念：凸起的地之肚脐。

后藏地区的民房门上通常画有日月和万字的图案，祈祷平安，吉祥如意

藏族的房内通常画有
万字的装饰图案，象
征吉祥如意

位于拉达克山脉以北努布拉（L'Dumra）山谷，已知有大约
25 个丰富的古代岩画遗址，这里的悬崖巨石，峭壁洞穴，至少有
10000 幅岩画和雕刻，巨石上所绘野山羊、野绵羊、野马、野牦
牛、双峰驼，以及奔跑的鹿、风格各异人物和围猎动物的场景非
常精彩。有必要研究的是，这些刻画在岩石上的作品中有不少于
300 个十字和万字图形同日月星辰在一起，它们可以追溯到青铜
和铁器时代。拉达克地区岩石艺术独特的文化气质，表现了人类
不曾停止的迁居生活和神话传说中的宇宙属性，以及后来人们

的宗教信仰中呈现的不同的形态。不同主题的岩画大部分镌刻在沿努布拉河及与 Shayok 河汇合处附近的山崖峭壁上，这些岩画穿越喀喇昆仑山口，其图式结构和象征寓意随着时间流传散落到广阔的西藏各地。

藏族人相信人死后灵魂会轮回转世，人生在世，一定要避开罪恶陋习。万字被视为具有轮回转世的法力，也是非常时尚吉祥的装饰。无论是在高山或是旷野，无论是民宅还是寺庙，无论是那些宗教艺术还是民间手工艺品，万字这个图案在西藏都充满了神圣的美感。据说有些藏族妇女死后在乳房上纹万字图案，以便获得转世再生的保障。

万字同其他一些图案刻在冈底斯山脉岩石上。公元前 3 世纪

拉达克地区岩画的图式结构
和象征寓意随着时间流传散
落到广阔的西藏各地

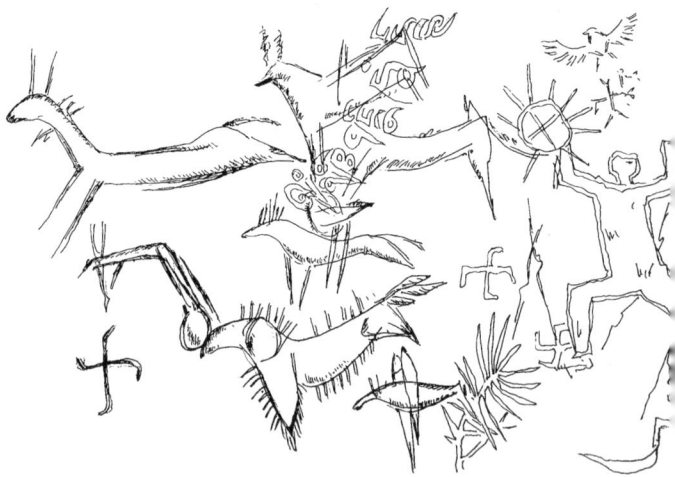

# 请给恒河施舍 3000 克木材

万字这个图形符号在梵文里读作 Swastika，虽然有的考古学
家提出质疑，Swastika 确实是印度的佛教、耆那教熟悉而又神秘
的图形，其象征含义为"祝福"。耆那教强调尊重任何形式生命
中的独立灵魂，立杀戒即非暴力主义，万字是耆那教首选的幸运

v 符号。婆罗门教徒接受佛教思想，信奉原始的自然崇拜、献祭权利赎罪、杀戒、怜悯和生命不断的轮回，认为个人的灵魂和宇宙灵魂在不断地变换状态中来达到最终目标，也使用万字这个图形符号。

印度人相信，"生即死，死即是生"。有的学者认为，有关印度哲学的西方阐述者并不了解万字这个词包容的道德和精神的本质，其原义非常深奥。

考古学家普遍认为万字是十字符号的最古老形式，在印度，神奇的万字表示太阳在宇宙中运行的规则，万字在印度作为独立的象征性的符号出现，可以追溯到公元前 3000 ~ 前 2000 年。

今天的印度，万字符号无时无刻不被使用：商人在货架上画万字以图吉利；那些有抚养小孩或豢养小动物的人也在门房墙上画万字以驱妖邪；有人在家神的神位上画一个带红圆圈的万字图案，以期保护家神。

印度在一些地区还保留这样的习俗，婚礼之日给同一家族的小孩子剃光的头上画万字图案，以求人丁兴旺。在一部名为《The Toy Cart》的喜剧里，有个情节是一位小偷犹豫不决，究竟

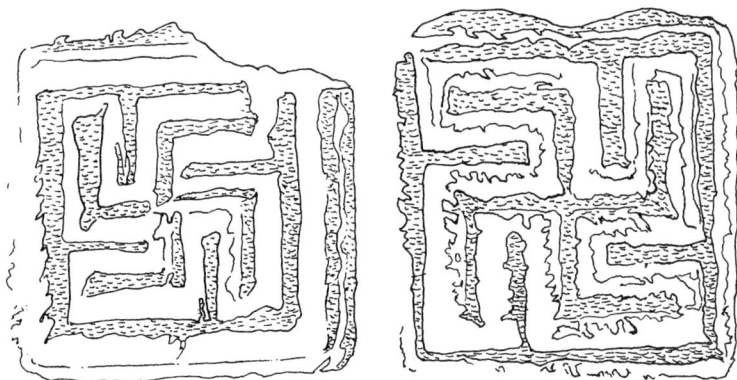

卐和卍的砖刻。新德里，国家博物馆藏。公元前 2500 ~ 前 1750 年

古代石狮柱头，石狮
脸上刻有万字图案。
公元前 300 年。新德
里，国家博物馆藏

是在院墙上有万字图案处开洞，还是在放水缸的地方开洞。

在恒河中游新月形曲流段左岸的千年古城贝拿勒斯，人们去朝拜圣河，祭上鲜花，画上吉祥的万字，轻声地祈祷祝福、凝神、静思。

在印度就近把亡灵骨灰抛撒向恒河，这并不妨碍恒河里挤满了沐浴、以求获得永生的人们。是梦魇，是怪异，还是恒河固有的魅力？旅行者不能用照相机去拍摄，只能去听、去看、去嗅、去记忆。这里是所有印度人的罗马和麦加。

婆罗门家族闺房生活
情景。图画周围装饰
有回纹形万字图案

印度民宅墙上画有万
字图案以图吉利

佛的脚印和万字挂毯

榨甘蔗汁的机器手柄
轮上铸有万字图案。
新德里

泰姬陵周围乡村田间
小路随处可俯身拾取
一些刻有凹凸万字标
记的砖头。阿嘎

**欧**洲的考古学家声称：史前时期的青铜是从古代中东传入欧洲的。如果青铜是从古代中东传入欧洲的话，那么万字图案也应发源于此。这一推测被出现在青铜器和陶器上的大量万字图案所证实，几乎所有种类的万字图案在青铜时代的欧洲都被使用过。如果欧洲旧石器时代找不到任何一种万字符号使用的话，那么万字符号在青铜时代被广泛地使用过则是毫无疑问的。有的学者认为在欧洲最早广泛使用万字符号的是古希腊人和在意大利的埃特鲁斯坎人，不过对什么是"埃特鲁斯坎人"，目前尚未有准确的结论。重要的是，典型的东方习俗被传给了罗马人，这和青铜时代人们的文化多少有些相似。

考察希腊人和罗马人的早期历史，会发现他们之间有许多相似之处，他们均起源于同一种族——印欧语系的亚该亚人和多瑞安人，沿巴尔干半岛进入希腊。而印欧语系的拉丁人是从意大利半岛抵达台伯河的南面。公元前 1 世纪的著作《埃涅阿斯》表明了拉丁人起源于特洛伊人，而特洛伊后人把这些神话叙述加以发展，虽然缺乏历史中的细节。考古学家通过对欧洲早期人类遗址的发掘证实了许多古老的传说，使我们能理解欧洲历史文化的深刻渊源。还有一点尤其重要，希腊、意大利都既是呈现半岛形态的地貌，又是大陆的一部分，从一开始就更易于接受外来文明影响。公元前 1000 年这一阶段的欧洲到近代欧洲，在整个中欧、北欧、西欧和不列颠诸群岛的陶器、青铜器、铁器和丧葬习俗、建筑居址形式等，与希腊、罗马有着共同的特点，而众所周知，欧洲大陆文明以希腊人的迈锡尼文化和古罗马文明的兴起为基础。

历史很不幸地犹如一个大赌盘。希腊的衰落；野蛮人入侵欧洲各地；哥特人阿拉里克将罗马夷为废墟，千年罗马帝国重演了一遍灭亡的悲剧；汪达人的洗劫；白匈奴阿提拉的抢掠；利奥皇帝和他的儿子康斯坦丁五世暴戾的统治，无情地毁坏基督教和圣徒的全部偶像；阿瓦尔人摧毁了查士丁尼和克落维建立的功绩；穆斯林、马扎尔人、维京人推翻了查理曼帝国……战争、侵略、杀戮连绵不断，现代欧洲是经过血泊之中的大侵袭、大毁灭，在文艺复兴的历史背景上奠定的。而欧洲历史独特性的另一面就是，这里建立的文明是精致的却是易碎的。

为什么欧洲大陆文明在一切砸毁之后，又能重新开始？是因为文化底蕴有一条不可遗弃的纽带吗？设想一个史前的希腊人、一个纪元初的罗马人，他们于两千年后复活，一定会为现代社会奇特崭新的生活方式愕然惊骇。基督教替代了古希腊、古罗马诸神，古罗马帝国的地盘已被划分成一些新的民族国家，这些人操着几种新的不同的日耳曼语和罗曼语取代拉丁语，古典文明不复存在……不过他们一定会感慨，所熟悉的万字依然时不时地出现在那些古老的遗迹和现代生活中。

也许今天的欧洲，对自己似乎有过多批判却不去做理性上的查证，重建自由主义的欧洲又要留下种种骄傲的限制。欧洲包含着各种五彩斑斓的文化特色，而无可言状的威胁引来的窃窃私语越来越激昂，这里建立的一系列历史丰碑凭吊着欧洲人的悲剧。欧洲人怎样才能守住家园？新的挑战会让欧洲走向何方？

不管怎样，万字符号流传在欧洲不同时期，以不同的类型、不同的使用范畴、最独特的方法验证它是历史不可磨灭的见证物，并且至今在欧洲大陆仍具不可替代的独特的象征性。

# 希腊艺术在幸运中消亡

　　希腊半岛公元前1200～前800年经历的黑暗时代的后果是，文化的摧毁，迈锡尼文明灭亡，从爱琴海到地中海，几乎没有哪一处躲得过这场灾难。对于希腊艺术而言，唯有通过实用的陶器来寻找贯穿于黑暗时期的艺术发展踪迹。

　　希腊陶器艺术的繁荣从公元前7～前6世纪开始，在相继使用红像式和黑像式技术，[①] 加上陶器制作和绘画大师欧发罗尼奥斯的伟大成就，雅典成为当时著名的陶器制作中心。就希腊本土而言，万字符号在希腊城邦时代作为古希腊艺术最喜爱的一种表现形式，曾被大量使用，从那些陶器、青铜器或金器开始，逐渐演化到菲迪亚斯和普拉克西特利斯的雕刻、雅典的卫城、希腊各地的神庙。

　　通常认为，万字符号从东方经过高加索地区和小亚细亚流传到希腊，它又在不同的时期流传到不同的地方。万字符号的流传、演化应该归功于希腊的地理位置离最早的文明中心美索不达米亚和埃及不远，事实上，希腊人是史前文明中最具好奇心、最具开创性的人，这可能同地中海海风新鲜纯净有关，因

希腊花瓶局部，带翼的狮身人面和回纹形的万字图案。大英博物馆

① 指古希腊的一种瓶画风格。陶瓶表面以黑色涂满背景，形象的部分则保持陶瓶本色（多为红色），故称红像式风格（或译为红绘风格），与早期黑像式风格（或译为黑绘风格）相区别。

赤陶雕像，3个万字图案画在颈脖，衣裙上画有舞蹈的人群。公元前700年。卢浮宫博物馆，巴黎

为古代的雅典人早就宣称，他们深邃的思想和开放的情怀得益于他们所呼吸到的令人心旷神怡的空气。

今天，我们在希腊的本土或是世界各大博物馆，以及其他收藏家那里，可以看到不同形式、不同风格时期的万字图案符号，呈直角向左或右弯转、呈非直角的螺线形或波形的出现于描绘有希腊神话故事图画的不同的陶器、青铜器或金器上，从阿波罗战车、帕特罗克斯死于赫克托尔之手、阿喀琉斯和阿迦恪斯对弈到弥诺斯的建筑原则……其演化的清晰轨迹令人惊奇。

万字符号以不同的形式演化出现于不同事物之中，被认

佩尔瑟福涅，作为冥
界的皇后，她也是丰
产女神。希腊雕刻。
公元前 510 年

为是属于同一时代和彼此之间必然联系的证据，这显示万字不同的形式源出同一符号，也就是说，无论是四臂向左或右弯转，是 "S" 形或是曲线，呈直角或非直角，是相互交叉呈螺线形或波纹形，它们都是万字符号。

由于陶器是古希腊人的主要艺术表现形式，他们描述的图像和符号反映了当时这个伟大文明的价值观念，并广泛散布于地

阿喀琉斯和阿迦恪斯对弈。希腊花瓶局部。公元前 600 年

雅典双耳爵。几何装
饰纹中镶嵌有祭祀的
行列，马车，鹅，鱼，
万字图案。公元前约
740 年。雅典国家博
物馆

中海沿岸。希腊人通过万字符号潜在的演进过程找到一种平衡关
系，以后发展成一个完全不同类型的社会。

　　神秘而又奇怪的是，在公元前 500~ 前 400 年，万字作为古
希腊艺术最喜爱的一种符号图案开始逐渐消失，这或许是一种幸
运和神秘中的消亡。也就在这一时期，由万字符号发展演变成的
"希腊纹"形式成为城市文化的典范，由此影响了整个欧洲文明
的发展。这就足以说明，在欧洲青铜时代，万字符号的运用推迟
了希腊艺术消亡的时间，其艺术价值远远超过人们的想象。

双耳尖底瓶。格斗的士兵，阿波罗战车，鹅，几何装饰纹，卷草花和不同形象的万字图案。公元前约640年，雅典国家博物馆

希腊少年陶盘局部，
公元前 500 年

希腊花瓶局部，牡羊
和回纹形的万字图案。
大英博物馆

希腊陶壶，有马的雕
像，几何装饰纹中镶
嵌万字图案。雅典

# 埃特鲁斯坎人无法取代的信仰

埃特鲁斯坎人用这种小房似的瓮来装他们死后火葬的骨灰。房顶上刻有万字符号,平行四边形复线方框含有一个十字形象是迷宫。舍希曼博士认为,万字作为埃特鲁斯坎人祭坛符号的象征同特洛伊地区发现的万字相关联。青铜时代。梵蒂冈博物馆

有的学者认为,在欧洲最早、最广泛使用万字符号的是意大利的埃特鲁斯坎人。这引起了世人持续长时间的讨论——埃特鲁斯坎人是什么人?

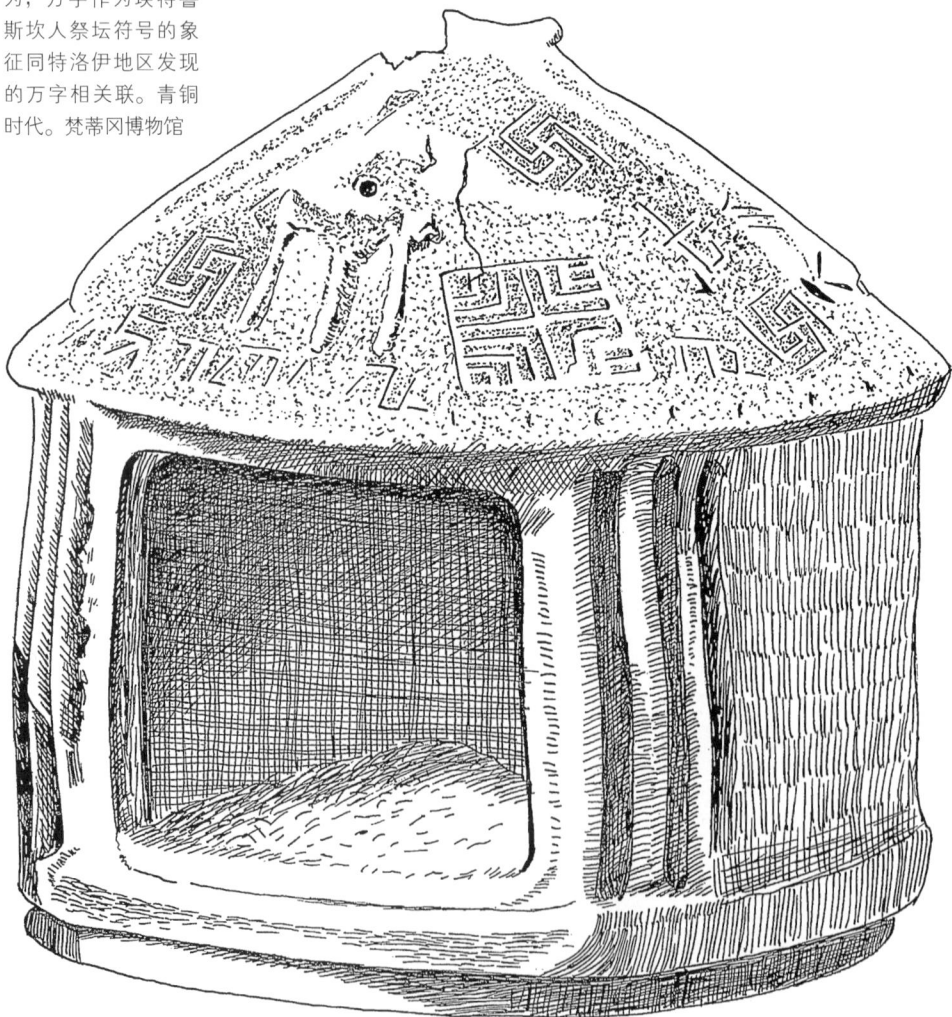

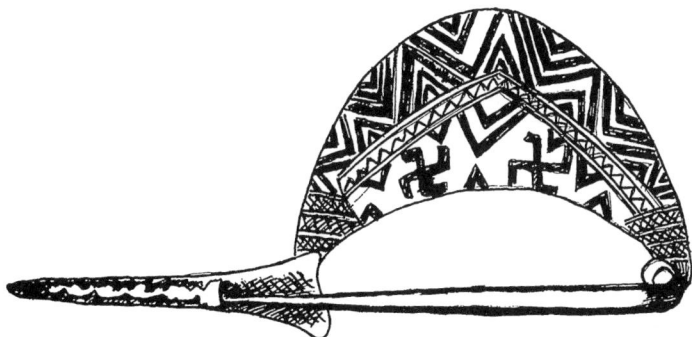

黄金别针上有两个万字。伊特鲁立亚博物馆，梵蒂冈

这支神秘的部落，在罗马人之前生活在意大利中部的拉姆和托斯卡纳，考古学家和学者们始终未能解析他们的语言，对他们的习俗所知甚少。目前普遍认为埃特鲁斯坎人来自小亚细亚，于公元前 800 年前后迁居到台伯河北面，随即征服了南面的拉丁

埃特鲁斯坎人用这种瓮来装他们死后火葬的骨灰。瓮上刻有万字符号。青铜时代，梵蒂冈博物馆

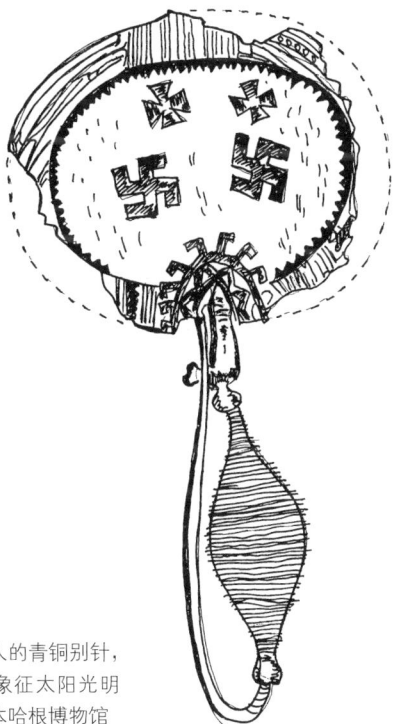

伊特鲁立亚人的青铜别针，两个万字和象征太阳光明的十字。哥本哈根博物馆

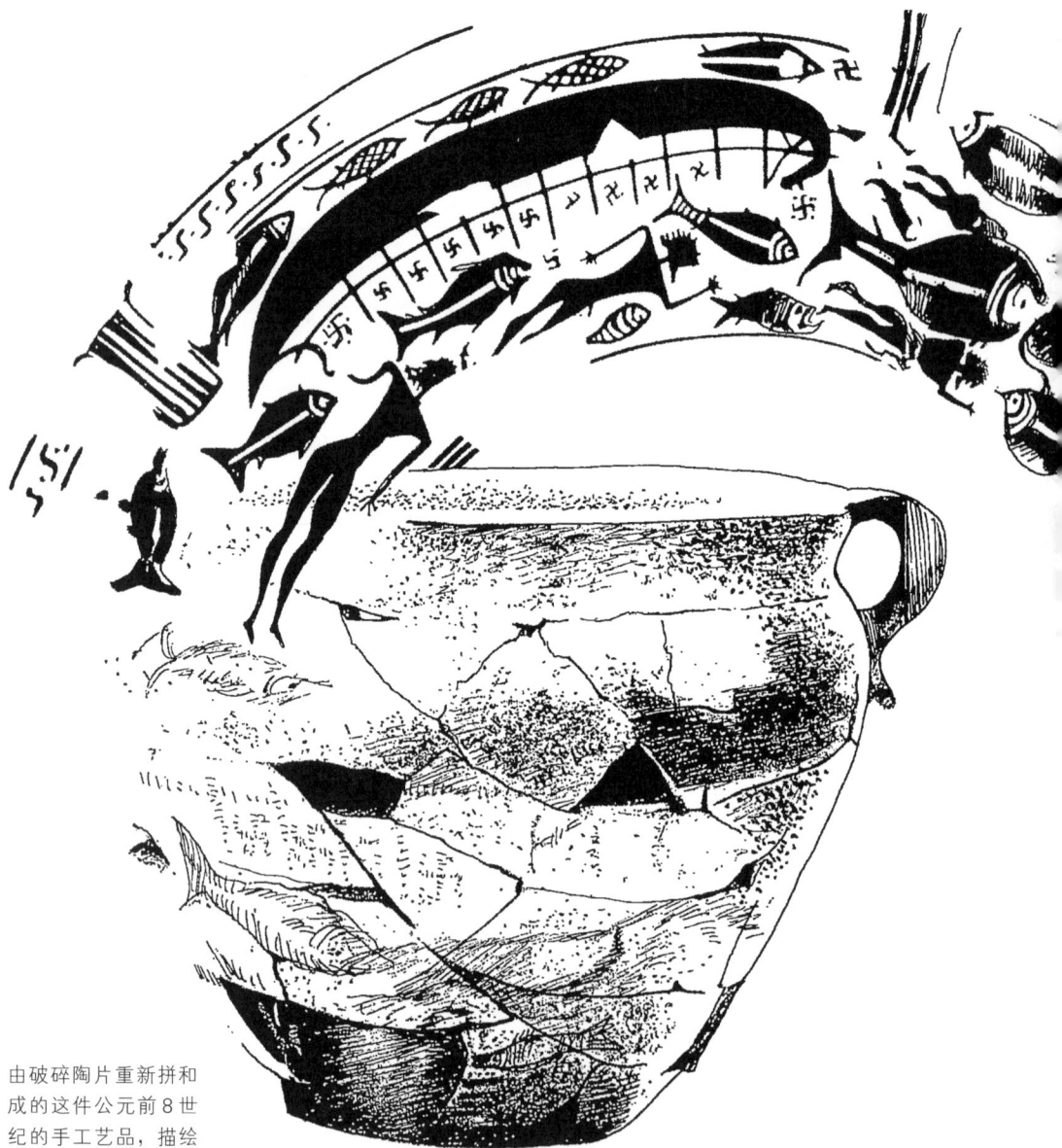

由破碎陶片重新拼和
成的这件公元前8世
纪的手工艺品，描绘
了腓尼基航海者的灾
难，到处漂浮着尸体，
一位遇难者被大鱼叼住
脑袋。不过翻沉的船和
不幸的遇难者有众多
万字符号的保佑，他
们将获得来世永生

人，他们的文明在公元前 8~前 7 世纪曾经繁荣昌盛。公元前 5~
前 3 世纪，他们在北方被凯尔特人击败，在南方又被罗马人战
胜。约公元前 500 年，在最后一个埃特鲁斯坎国王的统治被推
翻之前，他们已经将典型的东方习俗传给了罗马人。

考古学家在罗马发现了不少埃特鲁斯坎人的墓葬地，除了从
青铜时代开始的迁徙中随行带去的那些器物之外，在他们的墓穴
中也发现了一些万字符号，装饰在首饰、器物上面，同时也描绘
在那些为死者举办的游戏歌舞、盛宴美酒的墓穴壁画上。"对于
埃特鲁斯坎人来说死亡只不过是穿金戴银，是对酒当歌式生活
的另一阶段，它既不是极乐世界，也不是水深火热……一切都
按照生前的生活方式继续下去。"这是英国著名作家劳伦斯在
1919 年参观了罗马附近的埃特鲁斯坎墓穴后所发出的感慨。看

埃特鲁斯坎人墓穴壁
画中的万字装饰纹。
公元前 3 世纪

埃特鲁斯坎人的墓穴
壁画，万字装饰纹变
体。公元前 3 世纪

来，埃特鲁斯坎人试图通过对万字永世延传，来肯定永生不死的坚定信仰。

可以肯定，意大利是所有罗马文明的象征。当埃特鲁斯坎文化逐步被罗马文明取代，他们在意大利留下的许多万字符号遗迹，在意大利历史上的所有时期和阶段一直被使用。不管是青铜时代，还是伊特鲁立亚人直到罗马帝国和基督时代，万字符号无处不在。梵蒂冈博物馆展示的伊特鲁立亚人祭坛上的万字符号，显而易见是最重要的珍贵文献。庞培壁画中也能发现这种符号的延续，它们可以同拉丁十字相比，竞争十字架的荣誉。

另外，公元初的几个世纪里，匈奴人入侵欧洲，他们通晓万字符号，当匈奴人被击败，许多小部落滞留下来，在意大利北部的一些小镇定居，他们慢慢被当地人同化，在他们的建筑装饰风格中，万字符号占据了重要作用，被称为 Longobardian（龙哥巴甸）。

# 中世纪的趣味

　　高卢时期的蛮族国家，从地理概念来讲就是今天的法国一带，万字符号的使用并未随着青铜和铁器时代的到来而停止。

　　罗马人入侵法国在比利牛斯山留下一个石制祭坛。在波榭狄戎（Bouches-du-Rhone）发现一个无头的或蹲或跪的卫兵雕像，一排万字图案分布在卫兵的胸脯，而其下方有一行希腊拉

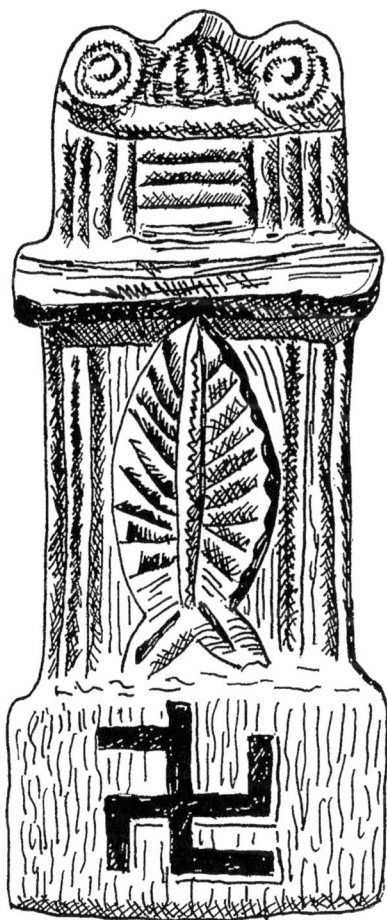

石头神坛，基座上刻有万字符号。罗马时代之前。图卢兹博物馆

丁十字形。486 年，法兰克人击败了高卢最后一个罗马统治者。
493 年，法兰克王国第一任国王克洛维与勃艮第笃信罗马派基督
教的公主结婚。在大部分蛮族国家信奉反罗马的阿利乌斯派时，
唯有法兰克人皈依罗马派，使日耳曼人同高卢罗马人两个不同
的社会结合起来，这对法兰克王国和现代欧洲的发展奠定了坚
实的基础。

史诗《罗兰之歌》是 11 世纪一部最为流行的武功歌，描写
了查理大帝远征西班牙，战胜入侵的穆斯林异教徒摩尔人，使欧
洲广大地区免遭暴虐。查理雄心勃勃的计划是要树立在他的统治
下复兴罗马帝国的权威，教皇利奥三世在罗马加冕查里为皇帝。

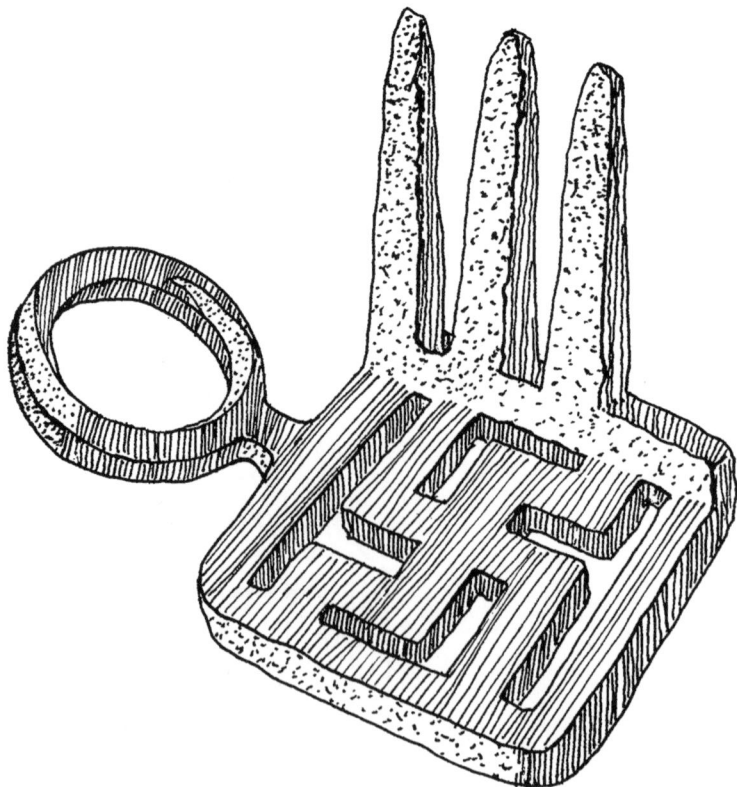

青铜钥匙铸有万字图
案。高卢罗马时期。
圣热赫曼博物馆

装饰有万字符号的罗
马石棺。罗马时代。
大英博物馆

铸刻有万字字图案的
青铜锁。高卢罗马时
期。圣热赫曼博物馆

西欧第一次单独在一个首领的统治下统一强大起来，法兰克人和
意大利人紧密结合，日耳曼人对教皇和意大利事物的卷入延续几
个世纪，这对阿尔卑斯山脉以北欧洲广大地区的政治和艺术发
展产生深远影响。

根据史料记载，查理大帝把万字符号当成圣心的象征。查理
并不识字，却尊重博学之士，他开创以新建学校为基础的学术复
兴，在皇家宫廷和主教管辖的修行中心倡导艺术复兴。当拜占廷
在东方为圣像破坏烦恼时，加洛林文艺复兴出现了辉煌的艺术繁

古罗马石棺，装饰有士兵行进、击搏、拼杀图案和万字符号变体。罗马时代。大英博物馆

荣，查理却在首都重新创造出相似于罗马、雅典的壮丽景象。

有点蹊跷的是他没有兴趣为他的辉煌业绩去修建巨大的陵墓，却把灵感留驻在梦想自己死后葬在一口"野蛮的""老式的"古罗马石棺里。这口石棺实际上保存了下来。查理的后继者虔诚路易的陵墓，也利用了罗马的现成石棺，梅特保存了石棺的若干残片。

这种中世纪的趣味喜好，如果不是因为喜欢那些古老的石棺上描绘雕刻的鱼、虫、鸟、兽和卷草植物以及几何形的装饰，那就是来源于对圣物的崇拜，希望能在阴间得到舒适的保护和到达天堂的企盼，石棺上的绘画和浮雕有着深刻的宗教含义，同时保护人也特别指定艺术家表现他要求描绘的题材，而那口描绘有罗马士兵击搏、拼杀装饰的古罗马石棺上当然也有万字符号。

## 条顿腰带

条顿人在青铜时代就广为使用万字符号，传播范围集中于北海、大西洋四周，即今日德国、奥地利和北欧地区。

公元 843 年的凡尔登条约，将基于查理大帝缔造的包括古代欧洲、占拜庭、日耳曼和基督教诸多文明在内的混合文明帝国分

青铜腰带及其局部，刻戳有万字符号，条顿人骑士团。青铜时代。司徒加史前博物馆

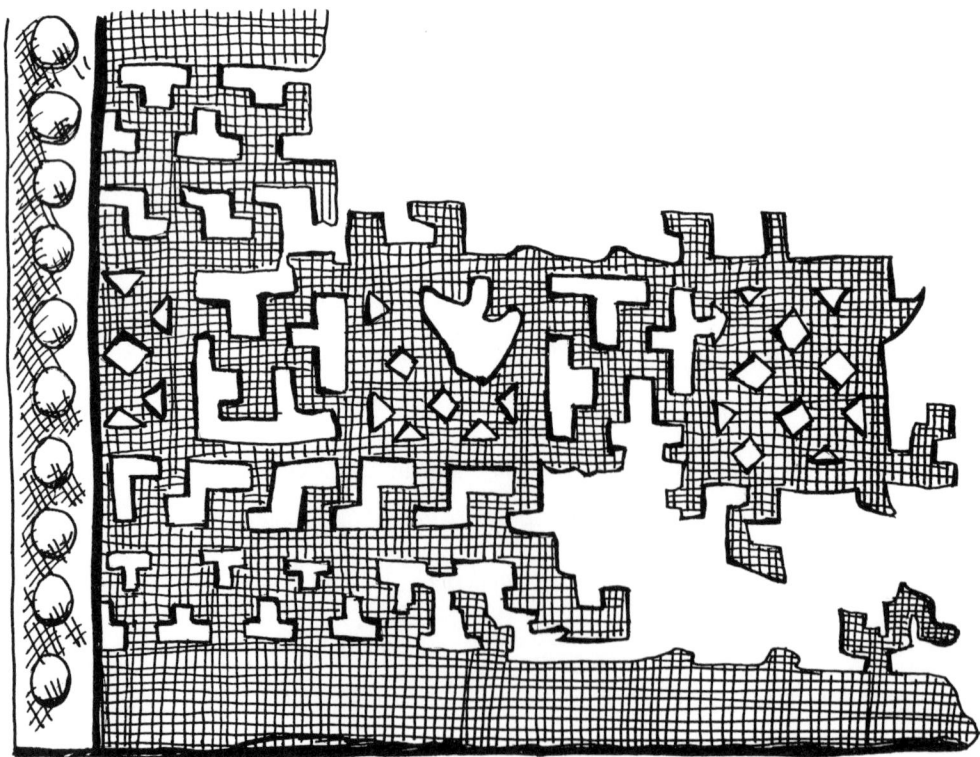

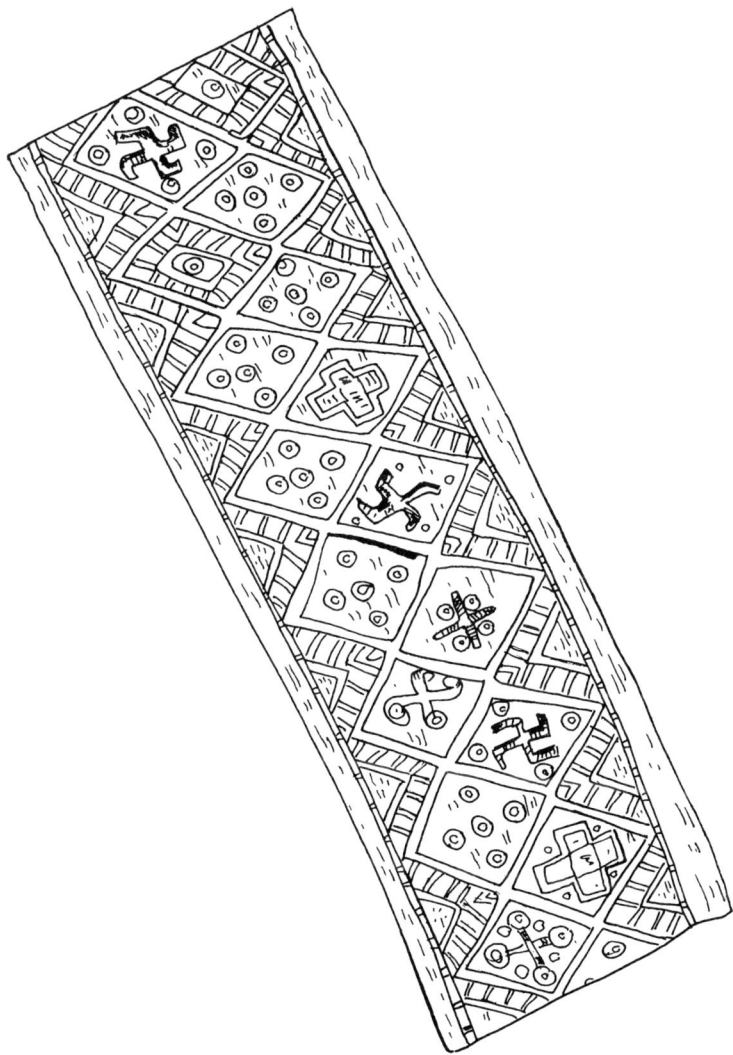

青铜腰带局部，压花，形状各异的万字图案。条顿人骑士团，青铜时代。司徒加史前博物馆

为 3 个国家，秃头查理统治西方拉丁语系的法兰克人，日耳曼人路易统治东方日耳曼语系的法兰克人，罗退尔一世获得介于两者之间从荷兰、法兰西亚到意大利北部的狭长地区，这成了德国和法国政治分裂的开端。

公元 955 年，奥托大帝率领日耳曼大军战胜马扎尔人，德国获得了包括意大利北部和易北河东岸的大片新领地，恢复了类似

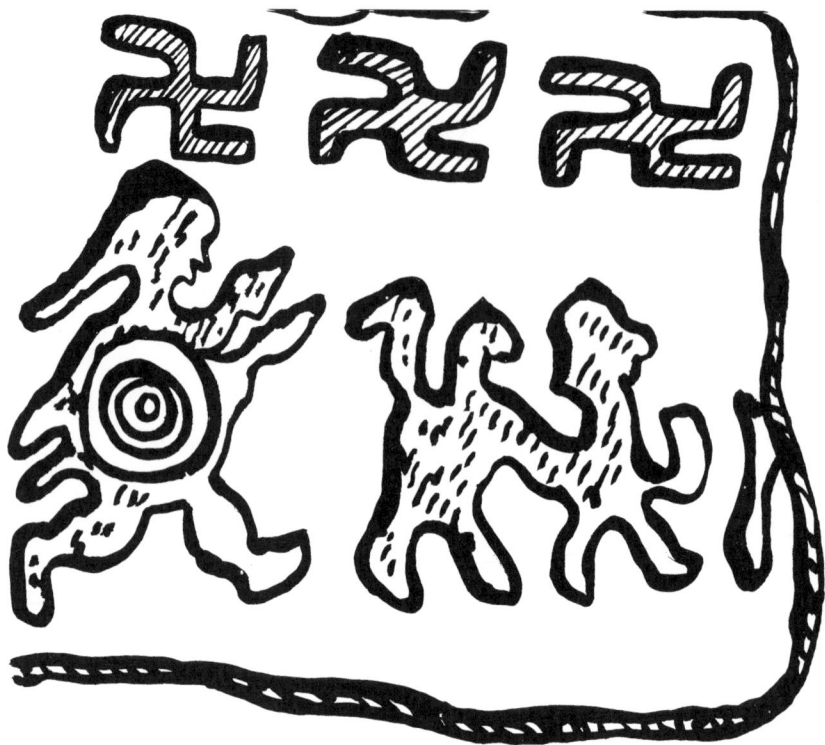

薄青铜残片局部，人，
动物和万字，青铜时代。
司徒加史前博物馆

于法兰克帝国的地位。而德国进一步的扩张，使法国这个已分裂
的政治实体在文化分裂上也越走越远。

　　中世纪的欧洲，宗教与世俗权力之争引起了激烈冲突，体现
在许多欧洲国家与罗马教廷分庭抗礼。这一争端使神圣罗马帝国
陷入与教皇的一系列战争。德国梦想复兴昔日帝国，其结局是灾
难性的。1160 年，神圣罗马帝国皇帝腓特烈一世远征意大利，耗
尽了德国的精力和资源，以失败而告终。教皇英诺森三世主政的
教廷取得胜利，罗马教廷成为十分重要的宗教和政治力量。

　　16 世纪初叶的德国还是欧洲近代文明的源泉之一，欧洲于
1648 年结束最后一场历经 30 年的宗教大战，德国人因此死亡了三
分之一，随即德国陷入野蛮落后状态，割据分治成许多半独立的国
家和若干相互对抗的公国，在 1789 年之前，有多达 300 个德意志

小国。一位历史学家写道："德国被人为地固定在中世纪式的混乱和软弱的水平。"而法国和英国则发展成强大的国家。

昔日查理大帝的遗产，表现在条顿人骑士团借助从遥远的青铜时代刻戳在青铜腰带上的万字图形积蓄的力量。还有人企图证明古代日耳曼曾殖民于欧洲大陆并凌驾于其他民族，而这种"更加伟大的德意志"，贯穿着具有数千年悠久历史的雅利安人遗产的一条线索，或许为以后德国的崛起起到某种催生作用。

# 斯堪的纳维亚半岛银马鞍

斯堪的纳维亚半岛包括丹麦、瑞典和挪威，这些地方史前文化遗存颇为相似，因而人们确信在史前时代，这些地区的人民也

青铜胸针或别针与万字图案的结合体。青铜时代。斯堪的纳维亚

具有相同的文化。

1876 年在布达佩斯举行的人类学和史前考古学国际委员会上，谈论的焦点话题是：在挪威发现的一把青铜剑，在剑上刻有古代北欧人使用过的一种字母和一个镶银的万字符号。这个委员会经过热烈研讨，最终达成一致意见，万字象征"祝福""好运"。

在斯堪的纳维亚出现的万字符号，呈现方形且臂从每角凸出成锥形弯曲，有时向左，有时向右，这些符号在胸针、剑和刀鞘上普遍常见。在丹麦古教堂的洗礼盆上饰有万字符号，这表明那里在基督时代早期就已使用过万字符号。我们还可以从斯堪的纳维亚半岛的一件青铜银马具上饰有的万字符号，还有骑士军的织毯上缀有的万字符号，来为史前时代僻远的这一地区人们交流范

带有万字图案的青铜
胸针。青铜时代。斯
堪的纳维亚

带有扣的腰带的匾，
两个 S 形曲线的万字
图案。青铜时代。斯
堪的纳维亚

围的大小找到更多证据。

　　维京人 9 世纪入侵英格兰之前，也曾冒险到达过北美洲。瑞典与俄国商业交往，可追溯到更早的时代。挪威人向西远征大西洋岛屿并在那里定居。丹麦与英格兰的政治和宗教基础颇有渊源，这两个国家在文化与艺术之间有紧密的联系。

　　当然，谁要是对 4000 多年前欧洲所发生的那次野蛮人入侵、中世纪北欧海盗的龙骨船以及现在还有多少头大鲸鱼在这一海域

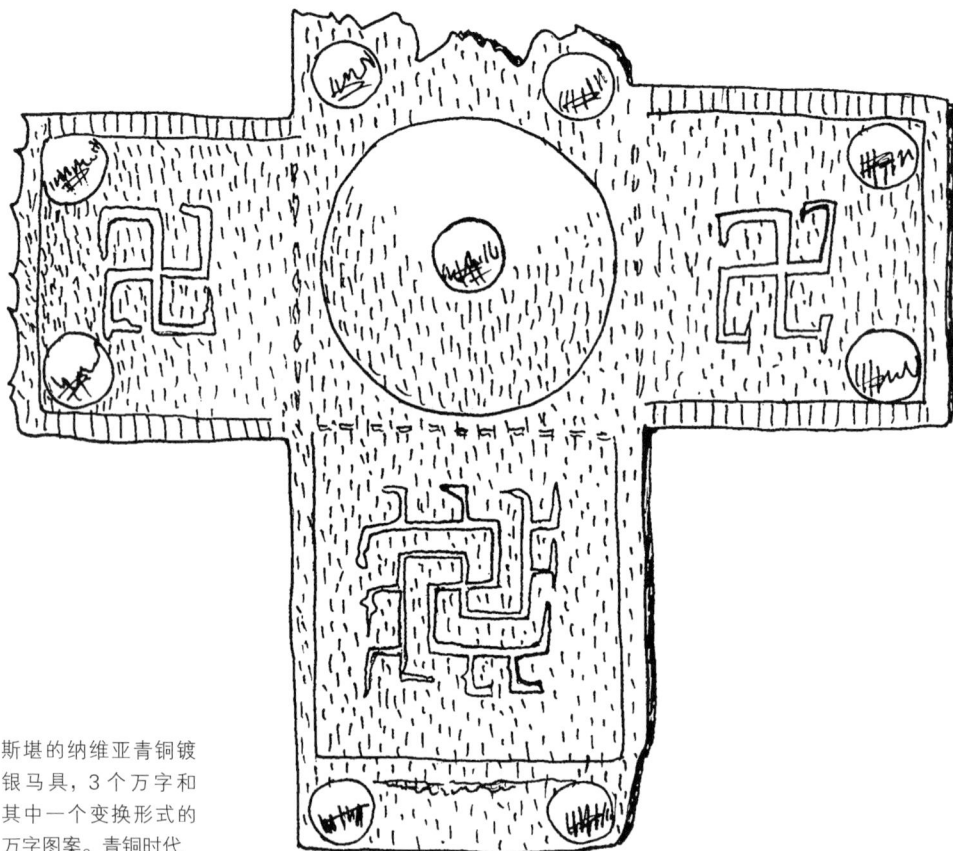

斯堪的纳维亚青铜镀银马具，3个万字和其中一个变换形式的万字图案。青铜时代

里生存等感兴趣的话，那么值得在这一地区深入探索的问题众多：在早于石炭纪形成的地理时期，有没有一个古老而庞大的大陆遗留下来的残迹？它从欧洲跨过北冰洋一直延伸到美洲吗？是否为史前人类迁移提供了一条通道？万字是怎样通过这个半岛进入美洲大陆的？斯堪的纳维亚发现的万字同美洲大陆出现的万字有联系吗？

# 盎格鲁 – 撒克逊礼物

直到 15 世纪末，英国在大多数人们的印象中只是一个遥远的岛屿。其实，在公元前地中海的伊比利亚人、比克人、凯尔特人先后来到不列颠。公元 1~5 世纪，大不列颠岛东南部一直作为罗马帝国的属地有 5 个世纪之久，原住在不列颠岛的凯尔特人在基督教传入后被感召成为基督徒。罗马人撤走后，欧洲北部的盎格鲁人、萨克逊人、朱特人相继入侵并定居。从 7 世纪开始形成封建制度，许多小国并成 7 个王国，争雄达 200 年之久，史称"盎格鲁 – 撒克逊时代"。

盎格鲁人、撒克逊人把他们来到之前存在的任何拉丁文化的痕迹都消除了，残存的凯尔特人逃跑到边远多山的威尔士和爱尔兰地区，考古学家在苏格兰和爱尔兰出土的文本上发现了万字符号，它和古代的凯尔特十字形以及部分刻得很深的铭文混在一起。其中有 44 个符号沿六条水平线排列。这些非常奇怪的符号，让企图对它进行解释的语言学家和古文字专家迷惑不解。有一位博

1904 年，在澳赛伯格枢船上发现的一个公元 8 世纪爱尔兰或苏格兰的凯尔特人像

青铜饰针顶端装饰有万字图案。
苏格兰

学的绅士曾把它称为希伯来语、腓尼基语、希腊语、拉丁语、爱尔兰和盎格鲁－撒克逊语。

苏格兰和爱尔兰的基督徒坟墓上也发现了万字图案。凯尔特人的文化遗传特征，从某种意义上来讲，可以被看成今天欧洲文化的滥觞。

7世纪基督徒再度被引进英国，本笃会的僧侣虔诚的传教精神，使信奉异教的日耳曼种族改变信仰。本笃会传教士虔诚博学，他们留下尊重学问的传统，建造了最早的教堂，热衷于书籍收藏和复制古代文献。从那以后，盎格鲁－撒克逊的艺术融合了日耳曼人和凯尔特人的艺术特征。

盎格鲁－撒克逊的艺术成就，灵感来源于本笃会的僧侣虔诚布道和本笃会规则，僧侣们时常使用万字符号来装饰教堂、圣坛，当然也有那些越过英吉利海峡而来的学者和艺术家的功劳。

雄壮的十字碑是不列颠群岛上独特的艺术作品之一，最为著名的有鲁史维尔十字碑和比尤卡史尔十字碑，高贵、神圣而威严。当时在英格兰和爱尔兰十字碑大为流行，现在仍可看见成千上万的中世纪十字碑矗立在教堂四周、驿道和山岗上。大量的十字碑表现了基督这一母题，采用穿插鸟兽、植物和万字符号（有的西方学者喜欢称碑体出现的万字为迷宫图形），以及几何形的装饰。

万字形的变体，盎格鲁－撒克逊人
青铜镀金饰针。波克夏，英格兰

英国历史上文化与艺术的成果，伴随着权谋与妥协，反抗与杀戮，威信与荣耀，霸权与扩张，以及盎格鲁－撒克逊的武器，

斯堪的纳维亚海盗的赃物，占拜庭的进口货物。1066 年，威廉
在教皇的支持下率军攻占不列颠岛，英格兰成为诺曼底一个属国
后，群岛几次易主，最终诺曼人放弃或丢掉在法国的财产，脱离
欧洲大陆，在不列颠岛扎根。

　　历史总是隐蔽着诸多疑问，昔日罗马帝国的这个属地所发生
的一切，犹如乱麻不易理清。但是历史也证实，不列颠群岛的眼
花缭乱并不都是破坏性的，而且，变化不仅对不列颠群岛而言，
对整个欧洲的未来发展，影响也显得如此重要。

　　19 世纪至 20 世纪初，大英帝国崛起，英国成为大西洋文明的
中心。在伦敦大英博物馆收藏的盎格鲁 – 撒克逊时期，以及全球
史前时期的带有万字符号图案的各种器物，据我所见是最丰富的。

手工制作的陶罐，20 个万字环绕一
圈。若福克，英格兰，大英博物馆

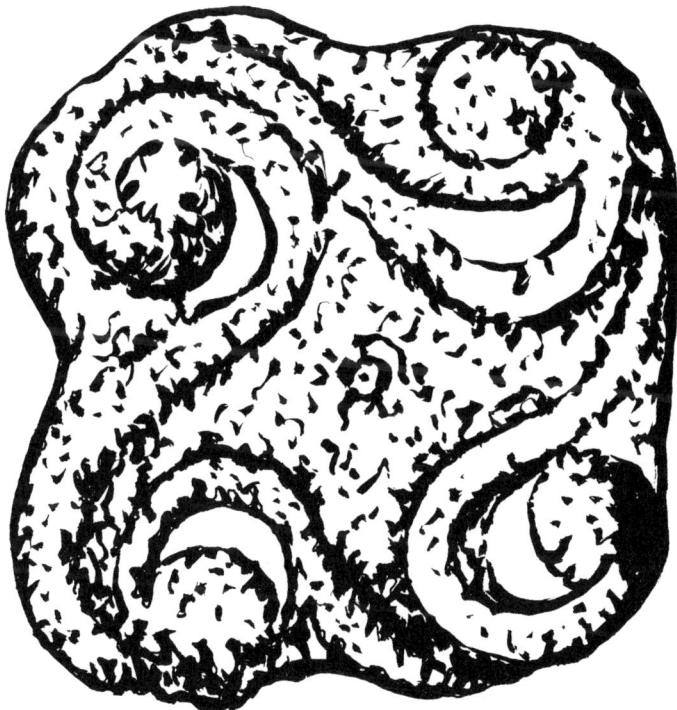

青铜薄盘残片，压制
的 S 形曲线的万字。
爱尔兰

不列颠群岛上雄伟的
十字碑，碑体上有 9
个万字符号

案卷 八

以五为中

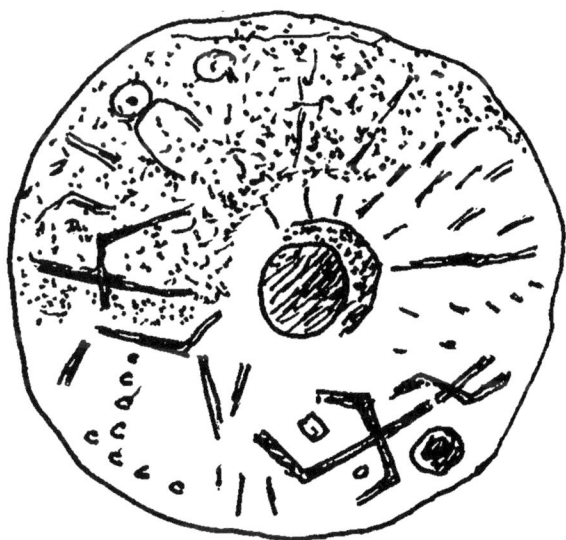

《**纽**约时报》2001 年 12 月 25 日报道，美国商用机器公司 IBM 的科学家宣布，他们利用量子计算机成功地把 15 这个数字分解为 5 和 3 这两个质数因子，从而预示了将来可以利用量子计算机破译现在无法破译的密码。

也许，科学家会利用对 5 质数因子和另外的质数因子的进一步分解，使用量子计算机能很好地描述原子、质子、中子、电子等微观世界现象，同时为宇宙的起源所经历过的宇宙演化过程找到准确的依据。

可以确认，科学家对 15 这个数字分解也许不是巧合。

## 四正四维以五为中

5 这个数的神秘丰富的内涵，在中国古典传统文化体系的典型表现，是以阴阳五行模式为基础。五行包罗万象。中国人通常用阴阳五行来揭示生命万物，把握宇宙空间尺度。

1972~1974 年，中国考古学家在长沙马王堆发掘西汉初期长沙国丞相轪侯利苍及其家族墓葬，这座西汉古墓出土的汉代丝织物上画有 29 颗彗星，古人对它们分别做了详细的描绘和记载，其中有一颗彗星以万字图形符号描绘。

相传远古时期的伏羲去孟津河边观看，只见波浪中一巨兽踏水如登平地，大体像马却身有鱼鳞，高八九尺，有两翼，形体像

```
4 ——————  9      2

              9

3 ——————  5 ——————  7

              1

8           1 ——————  6
```

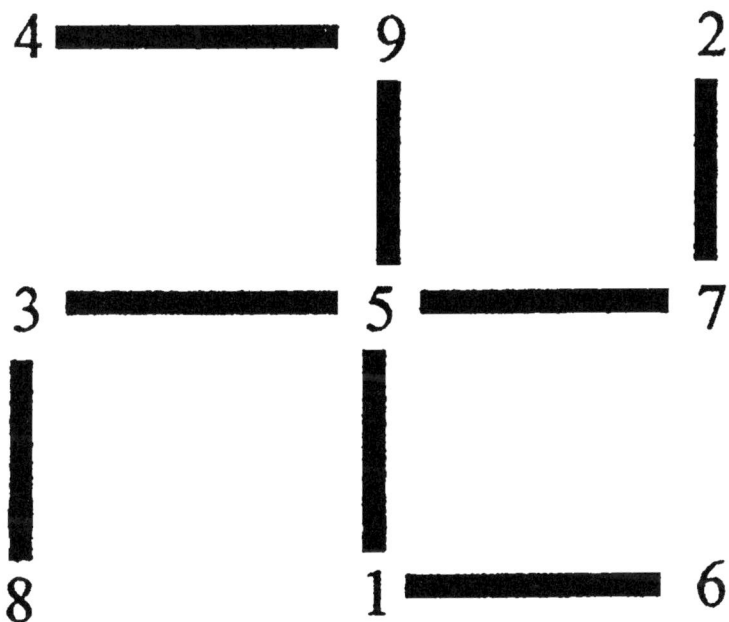

以 5 为 中，1、8、3、4、9、2、7、6 数 字交叉的顺时针排列使得无论横向、纵向、斜向的三个数之和都为 15

骆驼，身上负有由花点构成的图案，伏羲命人走近河边将图案记录下来，怪兽即没而不见。后来伏羲认真研究了这幅河图，发现它正是由十种花点组成，这十种花点代表 1~10，两种花点构成一组，布局在东、西、南、北、中五个位置上，每组花点所表示的数，其差均是 5。伏羲后来依此画八卦，建甲历，定时辰，治理国家。

《周易·系辞传》道："天数五,地数五,五位相得而各有合。"由此发展出来的九宫图以五为中，东、西、南、北称为四正，东南、西南、东北、西北称为四维，四正为奇数，四维为偶数，也就是说太乙神居于天地生成之数的五行中宫，按一定的顺序巡游八方，每至一方后都要回到中宫再加一方，称太乙九宫图。九宫图（又称洛书或河图）就是把 1~9 填到 3×3，使其每一横竖斜之和都相等。

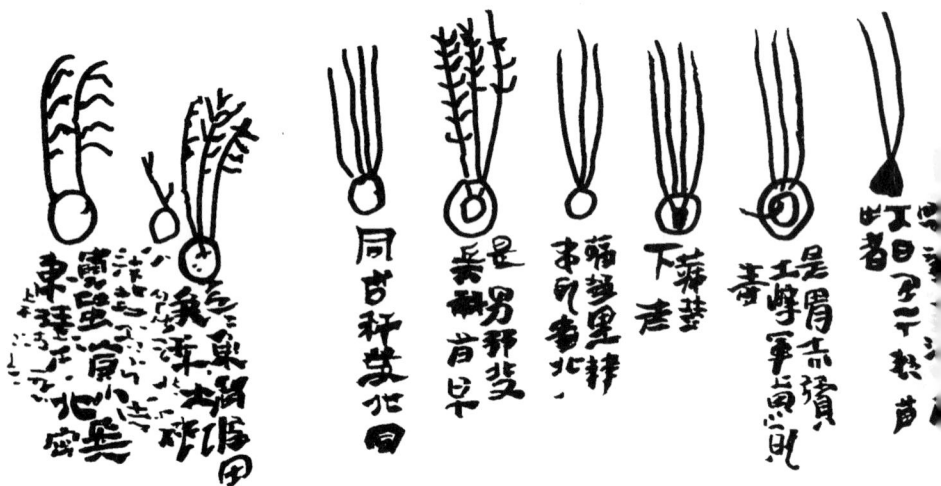

马王堆星相，其中有
一颗彗星以万字图形符
号描绘。长沙。西汉

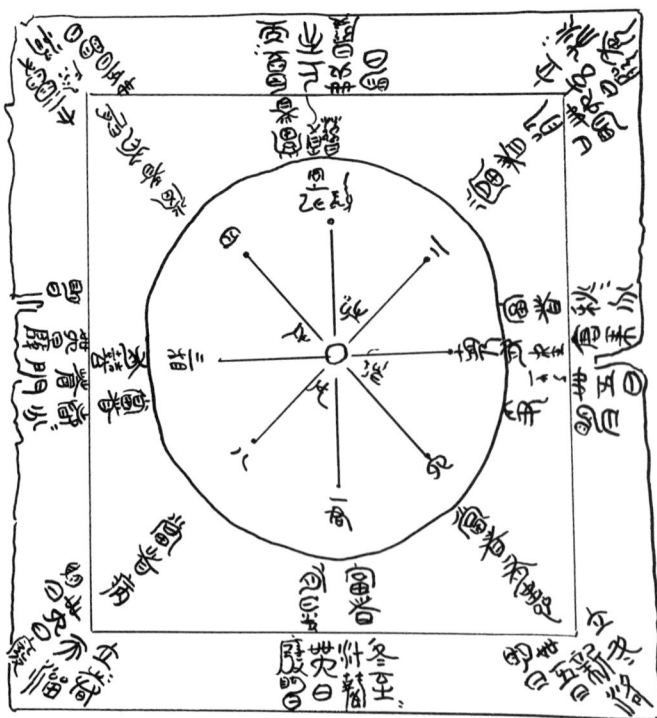

1977 年，中国考古
学家在安徽阜阳县双
古堆西汉古墓中发现
汉文帝七年（公元前
173 年）的太乙九宫
占盘

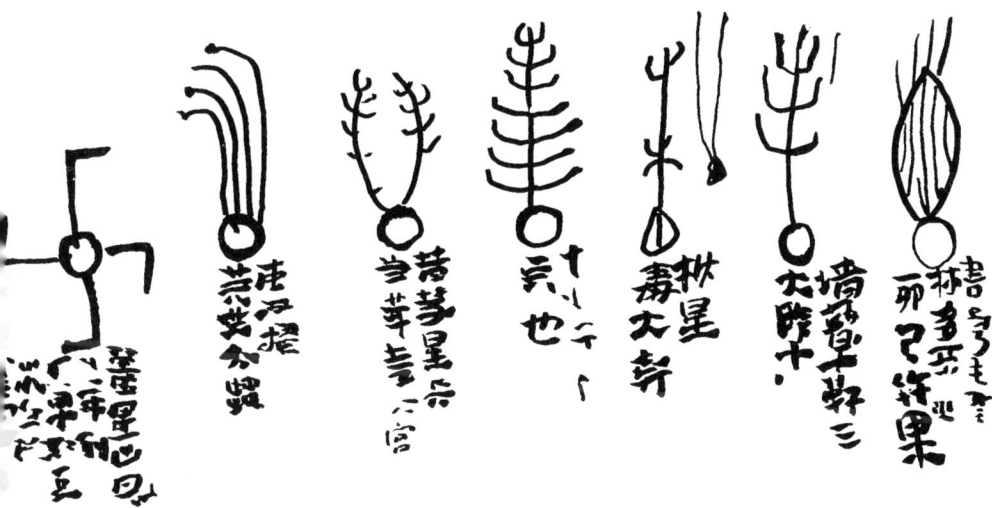

先秦文献《周易乾凿度》云："太乙取其数以行九宫，四正四维皆合于十五。"九宫图以 5 为中，1、8、3、4、9、2、7、6 数字交叉顺时针排列，使得无论横向、纵向、斜向的三个数之和都为 15。

1977 年，中国考古学家在安徽阜阳县双古堆西汉汝阴侯夏侯灶墓出土了"太乙九宫占盘"，该盘制作年代为汉文帝七年（公元前 173 年），已经有两千多年的历史，这是太乙九宫占盘最早的实物。

## 华罗庚的托古方程论

从 20 世纪 70 年代在长沙马王堆发现汉代丝织物上的星象图，到最近天文学研究的成果，古老的东方早就在描绘、领悟万字这个图形符号与宇宙间神秘的关系。

# Edwin Hubble's Classification Scheme

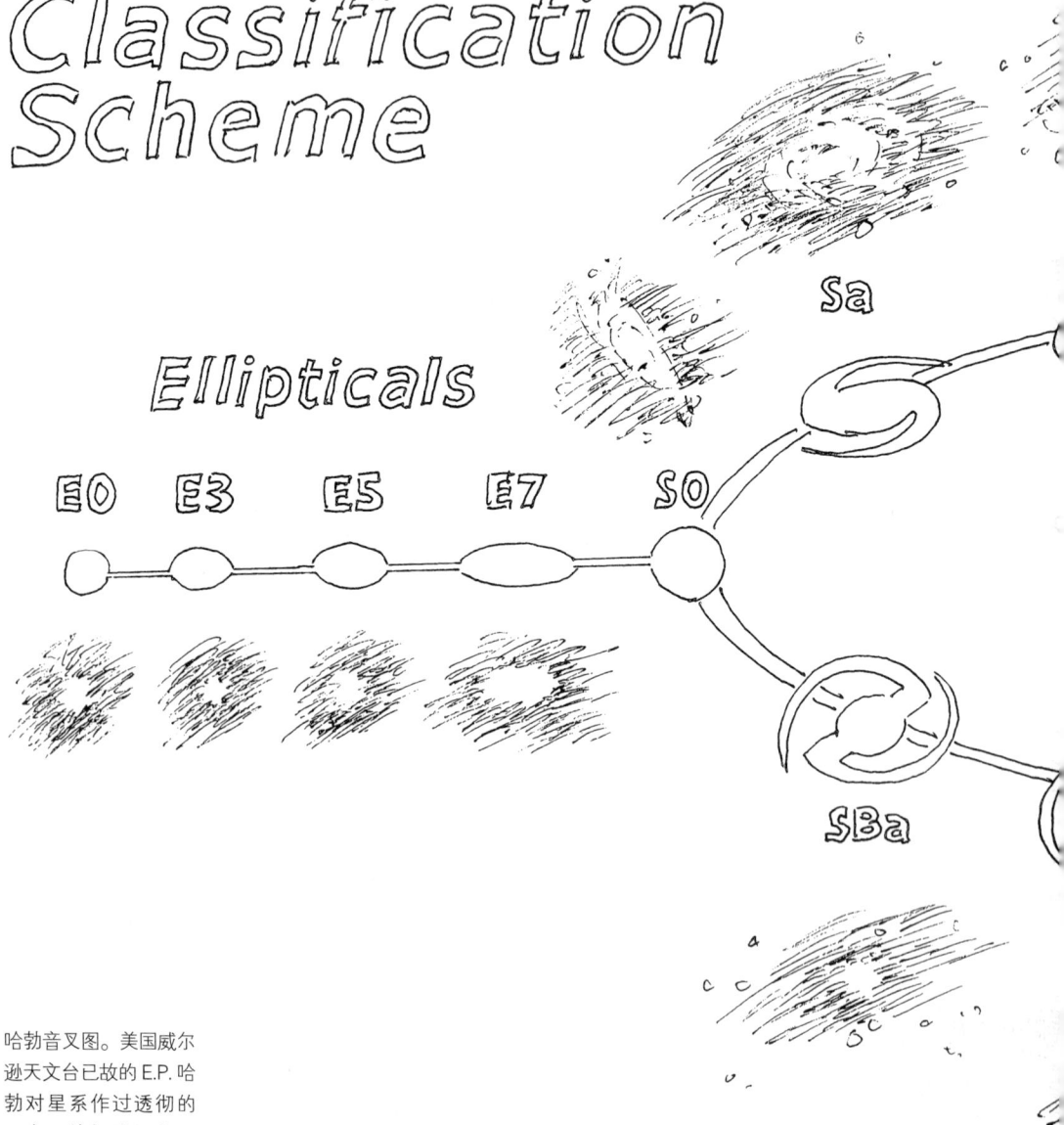

## Ellipticals

E0    E3    E5    E7    S0    Sa

SBa

哈勃音叉图。美国威尔
逊天文台已故的 E.P. 哈
勃对星系作过透彻的
研究，他把附近的星
系分为 3 种基本结构
类型：椭圆星系、旋
涡星系和不规则星系

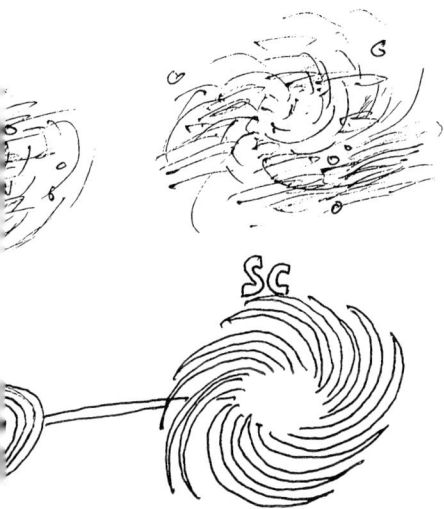

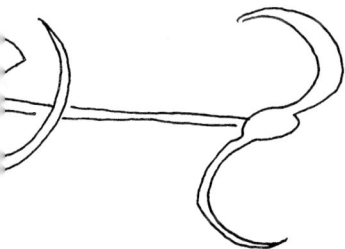

著名数学家华罗庚，从数学文化和数学哲理范畴来推断，宋代儒家托古改制，在易学或象数学构成的《河图》《洛书》里，以五为中的太乙九宫图，同万字这个符号有相生相成的关系，因为万字这个符号具有中心轴的对称性，置五于中能排列出非常巧妙的数字结构。

华罗庚认为太乙神居于天地生成之数的五行中宫（地球）巡游八方，预示着人类未来向星际的迁移，而万字这个图形符号蕴藏宇宙空间尺度的概念，决定了它是人类社会向星际迁移途中的一个宇宙性的标志。有关这些数字的作用，需要我们人类有更深度的理解力。

如果有兴趣，可以看看 20 世纪天文学家哈勃（Edwin Hubble，1990 年升空的第一座太空望远镜就以他的名字命名）所画的著名"音叉图"。哈勃对宇宙观测独到的研究，论证了星系分类和星系演化的本质。此图中螺旋星系的旋臂令人惊异地相似于万字图形，我们的太阳系就蛰居于一个螺旋星系的旋臂上。

哈勃对星系展开分类。有些星系呈现出椭圆的样子，有的圆一些，有的扁一些，有些星系则像水里的旋涡一样，有几条旋臂从中间甩出来，称为旋涡星系；旋涡星系有万字的旋转结构。

# 非符号化设计

## ——新的静力空间

如果说所有的沟通形式都需要运用符号，那么语言和文字本身就是最具普遍性的符号体系。这里所罗列的事例和提出的问题，是我们在出生之前和要告别生命之时需要知晓和解答的，尽管判断和分析可能仍模糊不清，问题的提出就使万字符号的象征性延伸到外层的分析。面对图像、传说、历史所涉及的各种事物、繁复信息及其真实的本源，也就同时赋予了万字符号寓言般的传奇含蕴。

倾斜的静力空间。雕塑。合金钢。
30cm×20cm×30cm。
1997年，纽约

　　为此，我使用万字的单个的或多种意思，组合一段句子；用文字蒙太奇拼贴一篇章节；借图像的魅力做一部文本；以超然的

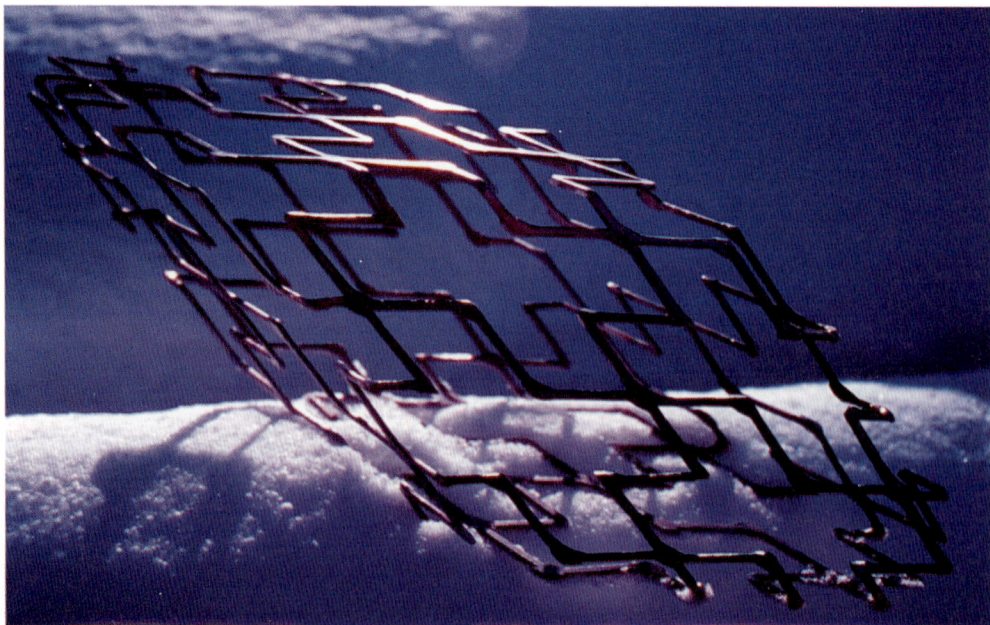

真实来挪动身体中的行为；联想几何形体的性质构建一个"新的静力空间"。

"新的静力空间"是一个实际的引力空间。是用"非符号化设计"概念，对万字符号的特殊式样进行解构、安置、移动、变换，以非经典的模式来连接不同体积形象的几何形体，构成连续变换下性质不变的引力空间。

你也许知道，地球自转产生的离心力和太阳的引力在地球表面上形成巨大的张力，使地表改变位置、地壳变动……似乎我们曾经失落了一块充满文明的大陆。考古学家揣测：那块大陆在15000年前沉没于大西洋或是被埋藏在南极洲巨大的冰床下。

久远的洪水带来了一块新的领地，生活重新开始。

事实上不是传说中的星云上曾布满了湖泊，天文学家说它早已消失得无影无踪。

引力可使文明衰亡也可使其再生。

文化与文化之间引力的偏移，要求修正、建造一个"新的静力空间"。

其实，从祖先那所学习到的经验，早已蕴藏连贯于万字图式的"非符号化设计"之中，它已经扩展到今日效率之源。所有人，除了克利福德和爱因斯坦外，均认为只有物质和精神的二元选择。

还有第三种世界观，拓展变量（空间的曲率）据说它将成为宇宙唯一的具体物理真景。

"非符号化设计"概念是不是在表述：一个"拓扑空间"里，研究几何形体一对一的双方连续变换下不变的时间矢量性质？

这不是我研究的课题。

毫无疑问，这个非符号化设计的"新的静力空间"简单而极致：它是一条隧道、一个迷宫、一把躺椅、一座透明的城池、四通八达的网络……

难道能不把万字看成人类社会文明发展不可遗弃的一条纽带吗？

霍金转述莎士比亚的话说：宇宙封闭在一个核桃壳里。

我是宇宙之王，我可以出去巡游吗？！

天鹅座双星体的轨迹上有一对行星和我们地球的情况类似，那里有生命的痕迹，生命本身就是一个奇迹，美丽的星系间的旅行需要150光年。

你会为"上帝是位宇航员，爱情是个流浪汉"去烦恼、去思索吗？

可以把记忆储存起来吗？

万字的搜寻、探索还会有更多的新的发现。你还会囿于这个符号，它的某一种象征、它在某一阶段、它处于某一段时期人类社会中的行为去设想一个未来吗？也许我们不需要再在这些问题上浪费时间。文本就在你手上，胆怯是无济于事的，我们需要重新上路。

人们过去和将来的迁移途中，我用最基本的、经典的万字和十字，重新设计竖立起一座独特形式——明亮的，流动的，闪闪烁烁，通体透明的，散发着热辐射光芒的方尖碑。

亦不例外，这种结构形式的方尖碑如同今天在罗马、巴黎和华盛顿竖立起的大大小小的方尖碑一样会引起人们的惊奇和赞扬，亦表明了现代人类对古典文明的崇尚和敬仰。

# 方尖塔

　　奥古斯都曾命令将 13 座方尖碑自罗马的行政省埃及运至罗马，以衬托罗马的尊严和伟大。文艺复兴后重新复苏的欧洲人，对古代文明中的许多奇迹和故事难以忘怀，萌发了收寻古物的强

方尖塔
合金耐侯钢
34cm×100cm×500cm。
2021，北京 798 艺术中心

烈欲望。1580 年，竖立安置在梵蒂冈圣皮埃尔广场著名的无字方尖碑被称为壮举。19 世纪，古典埃及方尖碑作为外交礼品分别耸立在巴黎、纽约和伦敦。现在还会再有谁如同 1831 年的埃及总督麦赫默特·阿里，将卢克索城拉姆塞斯二世法老神庙前的粉红色花岗石方尖碑献给法国国王路易·菲利普？

美国建筑师罗伯特·米尔斯（1781~1855）1884 年为总统华盛顿和美国国家设计的巨大的石柱建筑物美国独立纪念碑，竖立于华盛顿特区国家庭院的西端，这是一座高 169 米、造型仿古埃及的方尖碑。

今天，当我们漫步在罗马、巴黎、伦敦、华盛顿，许多高高耸立的碑体依然图腾般地吸引我们的视线，引起惊奇和盛赞，亦表明当代人类对古典文明的崇尚和敬仰，使人们的心身、意念在经历岁月淬炼的伟大艺术面前颤栗着升腾，形成多米诺骨牌似的反应。

由此我们便知，真的艺术无须区分音乐、舞蹈、绘画、雕塑、建筑抑或其他艺术形式，它终将是向全体感官开放的整体。

烈日西藏。展览现场。
2010，北京宋庄美术馆

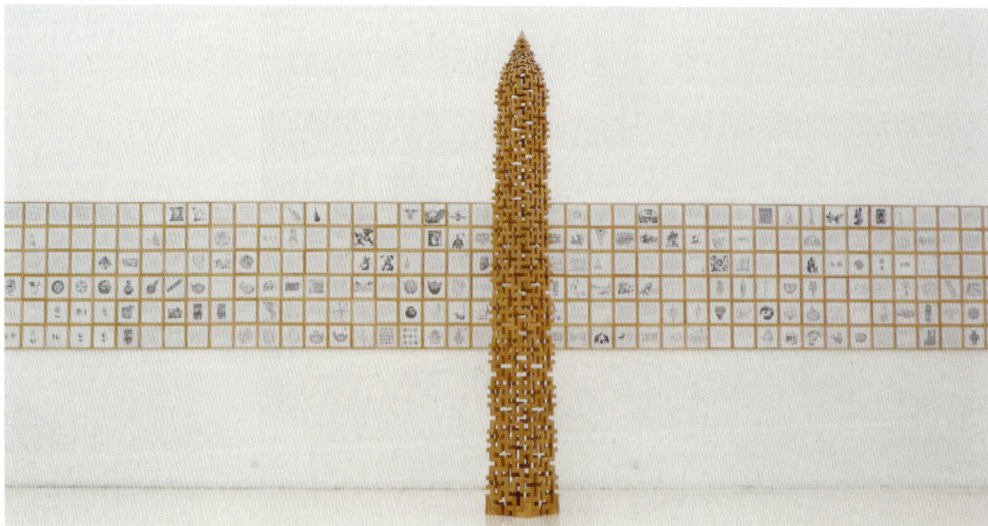

"未曾呈现的声音"
展览现场，2013 年 6
月第 55 届威尼斯双
年展

露佤斯广场花园 – 巴黎
计划（OBELIS–QUE1
Square Louvois）

方尖塔，意大利威尼斯双年展现场，2013

方尖塔——非符号化观念设计，万字图型凭借自身的相互交叉、变化转换，产生独特的节奏韵律，镂空的十字结构伸向天空将太阳托起，迎来无穷无尽的光芒，给我们带来勃勃生机。我们追随的不是直接的形象，而是节奏、编码和限制，我们的头脑一路走去，享受着寻找规律、翻越符号的快感。选用木、不锈钢、青铜、铸铁、钛等材料，最终形成三度空间加十维的整体体积感的方尖塔，如此饱满、丰富，使我们看到和感觉到的东西，瞬间变得通体透明，它以一种新的姿态引导我们跟随连绵不断、循环往复、具有建筑和雕塑般结构的韵律，环绕上升到人类思维激发无限可能性的领域。

亦不例外，这座独特结构形式的方尖塔，拨动的是两个古老的历史密码。它穿越时空开始新的编年史，交织出理性美的形式；它也同样是一座别具一格的里程碑，一个关于人类迁移、开拓、延伸的宏大业绩，一个揭示人类罪恶的隐喻，而且仅是它，将成为涵括全球人类社会文明唯一存在的事实。在这里它将被看成当代意识的再现，重新定义的审美系统。

方尖塔。北京铸造美
术馆，2011

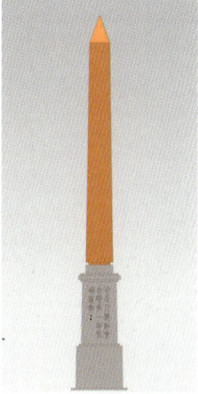

方尖塔上的南瓜花
北京工作室 2015 年

方尖塔拨动的是古老历史密码
（方尖塔基座）

人类社会文明存在的事实之一
（方尖塔基座）

# 迷 宫

迷宫这个计划方案，是以纽约大都会博物馆大门门楣主体部位装饰的万字、希腊回纹平面图形为基础，做一个建筑空间的构成设计。它的一端连接赫沃利大街，另一端通向塞纳新桥河岸，迷宫的东侧对应古典的卡鲁塞雷长廊和摩登的玻璃金字塔，西侧同中世纪的圣·日耳曼奥克斯钟塔教堂相呼应，它将被安置在卢浮宫博物馆建筑群的苏黎门广场。

卢浮宫广场迷宫方案

忒修斯是希腊神话里描述的真正英雄。人们之所以一直对希腊神话里这个人物着迷，并不仅仅是因为忒修斯去克里特岛，进入代达洛斯修建的万字、希腊回纹形的奇幻迷宫，杀死了怪物弥

卢浮宫广场迷宫方案

环形迷宫

大都会博物馆迷宫

诺陶罗斯。在考古学里，忒修斯这个古典希腊名字代表的是真正的"有物为证"。公元前 600 年，一件希腊陶盘上描绘的图画，让人们看到古希腊人如何借用迷宫这个概念，使万字图形在希腊城邦时代开始了"非符号化"的演变。

作为希腊古典风范的经典图示，所潜藏的希腊城市文化的传播和继承，影响了整个欧洲文明的发展。研究传统古典风格和现代建筑富有创造性的观念，我们都得益于希腊精神的沁润。

通过逻辑数理互补联想重新设计的迷宫，对万字符号演变成的希腊回纹这种经典结构的特殊形象，进行一种解构方式的安置，是对时间的补充，它使时空有十、十一维。相互交叉、循环往复、变化转换的希腊回纹，联结为绵延不断的 3D 网状结构，装配成镂空明亮的十字图形墙体，形成可以全方位无限扩展特殊形象的体积感。它具有几何学和数学组成的不同空间和纯美学的关系，同时赋予具有透明的建筑学魅力。

## "虚城计" 制作方案设计

图 9-13 是我直接挪用 office 程序的 logo 来设计编织"虚城计"展场的迷宫路径及其经纬网罗，这个经典的迷宫布阵灵感来自克尼特岛的代达洛斯迷宫，office 程序 logo 编织的迷宫经纬网罗从展场门口甩出两条悬臂是对时间的补充。你不妨抛开平时拘谨中的平庸去迷宫漫步，触摸着十字交叉的网罗编码去感受"虚城计"在上海这个大都会带来的奇幻，还要注意它潜伏在城市文明中的诡计。

3 个十字交叉弯折的构建从展场门口甩的出高 5 米、宽 1 米的两条悬臂斜切 45 度引导进入迷宫。

微软公司 office 程序
的 logo，万字非符号
化的经典设计

钛合金钢板用激光切割镂空成十字网格，依照迷宫的设计路
径，明亮的十字图形墙体用 office 程序的 logo 图形编织成的经纬
网罗，装配成相互交叉、循环往复、绵延不断的 3D 网状结构，
伸延到展场主入口，进入绿、黄、蓝、赭红色，从中心垂直分割

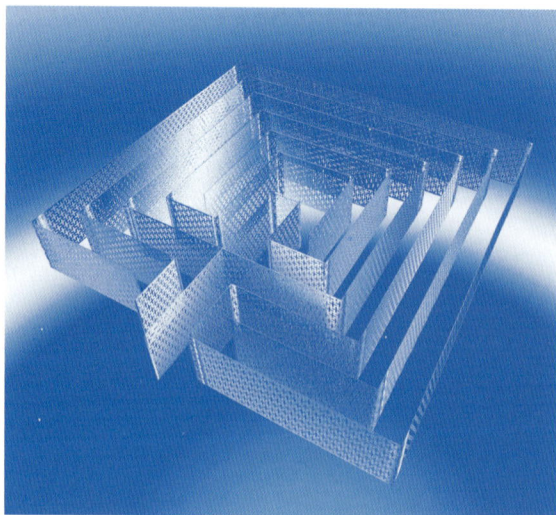

成复线弯曲的影像迷宫。

去迷宫去看看，它有全方位无限扩展特殊形象的体积感。朦胧的、散发着热辐射的、近乎一切是半透明的、奇妙的闪闪烁烁，流动着十字光芒，它具有几何学和数学组成的不同空间和纯美学的关系，同时赋予它透明的、建筑学的魅力。

去迷宫去玩耍，它就藏匿安置在我们所居住的大都会城市——不管是上海还是伦敦、巴黎还是北京、纽约还是柏林再飞到古代的孟菲斯到耶路撒冷……迷宫像是一条无尽的长廊，通向彼岸的隧道，它使时间有了形态。

去迷宫走走，我们几乎能感觉到每一个帝国的时间流程，能找到那么多指令却没有答案。

当代艺术对应着都市文化，文明的成长对应着新技术的发展，要超越今天的现实必须研究古代史前到中世纪以及对近代史的重新定义。office 程序 logo 编织的万字经纬网罗用迷宫布阵的"虚城诡计"，会让我们习惯于在时间之中永久漫游。

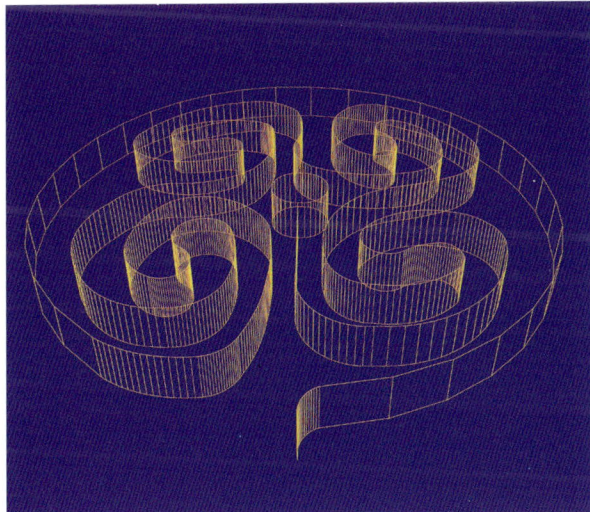

"虚城计"迷宫

巴黎希腊爱马士迷宫，
紫铜，220cm×60cm×
20cm

# 时间形态——天鹅座太空站

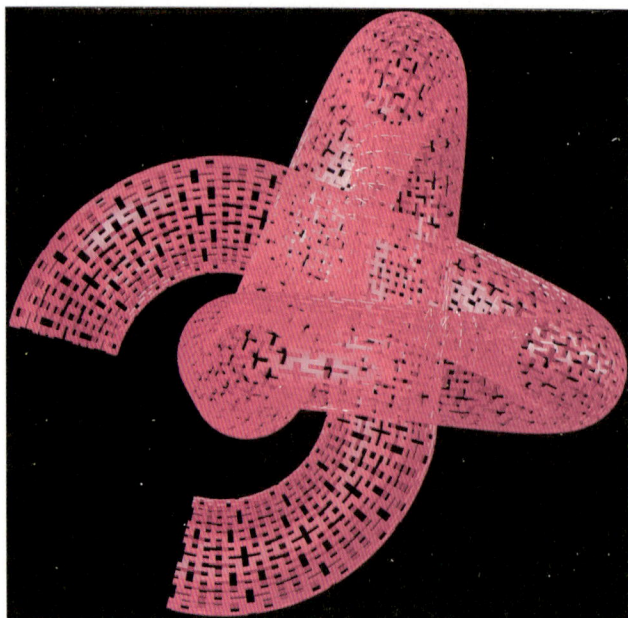

天鹅座太空站

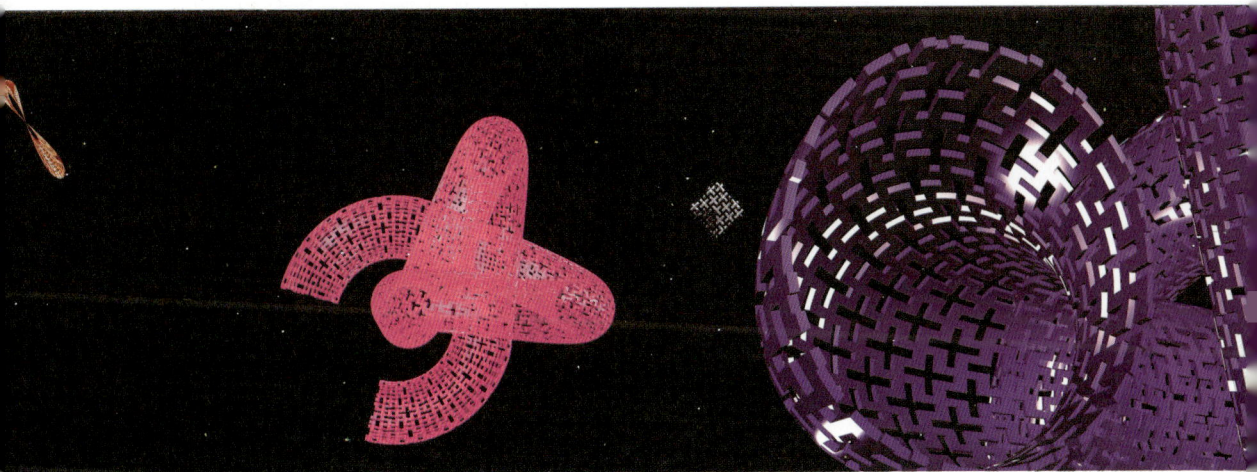

天鹅座太空站

我是宇宙之王，赋予时间一个形态，我要出去巡游！

## 方程魔方——超立方体外的观察者

方程魔方

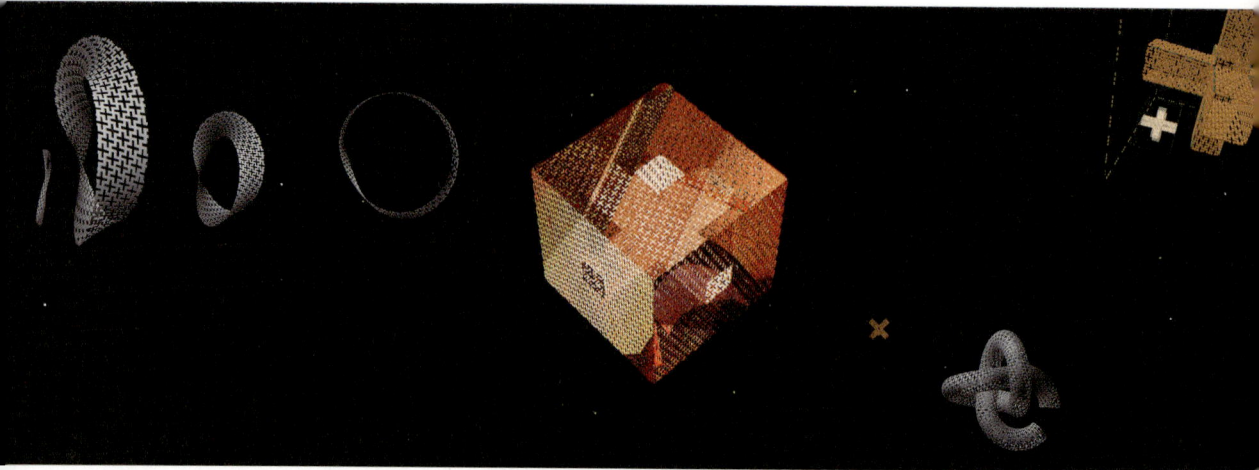

方程魔方

　　"方程魔方"，透明的十字以完全相同的连锁空间升级成"仅在理论上存在的四维立方体"的超立方体。每个立面上相互流通的窗口，由内至外放射出梦幻般的光彩，祥云浮瑞，分出天地，化出阴阳，像一个晶莹剔透的魔方，催生出万字无穷无尽的演化，却又遵循严格的几何规则创造出独特结构形式的立方体，隐喻着平行宇宙、重力场迁移、时间节奏。

　　它以一种新的莫比乌斯姿态即"天道圆，地道方"流向我们人类的思维，确立我们成为超立方体外的观察者。

## 焚香释卷

　　"官身常欠读书债，禄米不供沽酒资，剩喜今朝寂无事，焚香闲看玉溪诗。"这是南宋时代诗人陆游写的诗。借用马王堆汉代丝织物上的万字星像图形，铸造成一个上下对峙的焚香金字塔，搭建一座苏东坡式样的"息轩"。一炷香雾若有若无，浮动流淌于万字明窗，俯仰鼻息，吐故纳新，去浊存清。众观此气，

一束光电聚集香雾，烟袅遽变，空明渺渺，香气寂然。数千十字
斓斑，朵朵莲花香烟缭绕，华盖星云，扩散到稀薄的星际云气尘
埃边缘，香雾灵妙又使多少新星在太空中诞生。

此作品非苦非乐，非木非空，她蕴藏着生命在宇宙空间的
尺度，能使我们找回疏忽掉的记忆，察觉到自由的心智。焚香
金字塔内藏乾坤，"息轩"之处焚香净气通达人心。观者静闻香，
脑清神爽，可抚琴、可吟诗、可作画、可品茗……苏东坡诗曰：
"无事此静坐，一日是两日，若活七十年，便是百四十。"

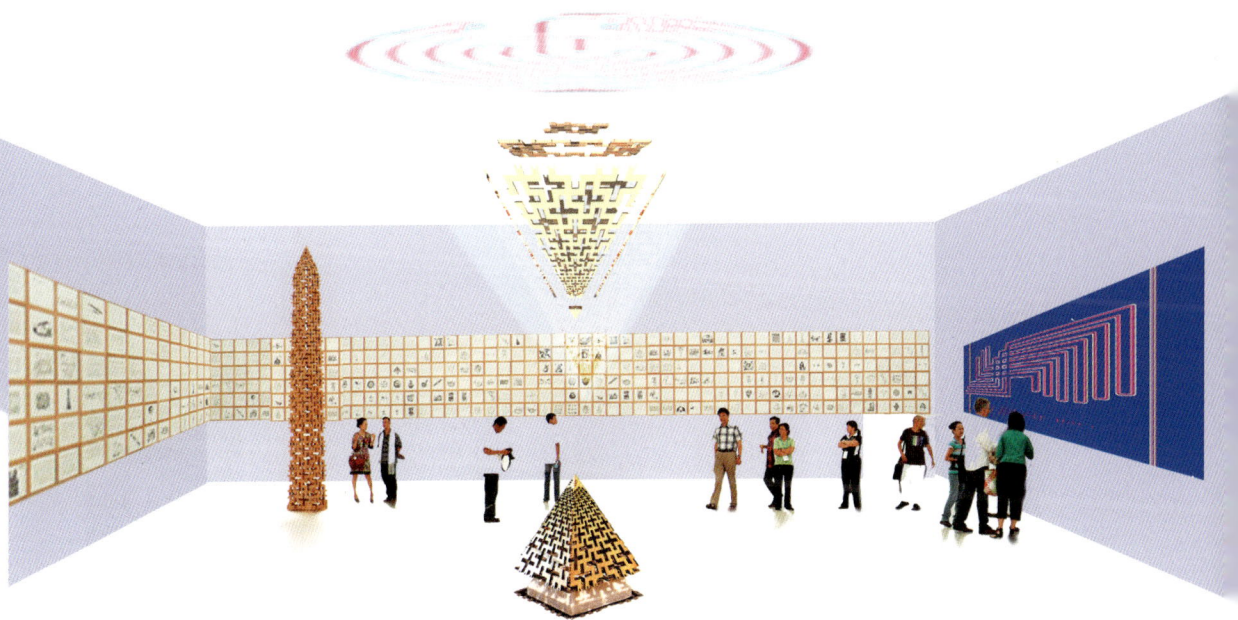

焚香释卷

焚香释卷
《遗产场》艺.凯旋画廊
展出现场 2021 年 1 月

## 神谕春秋

　　千百万年的地壳运动让喜马拉雅山脉高高耸立，基伯昆兰旷野的山洞藏匿着死海古卷，约旦河谷神庙镌刻了 2000 年前的繁

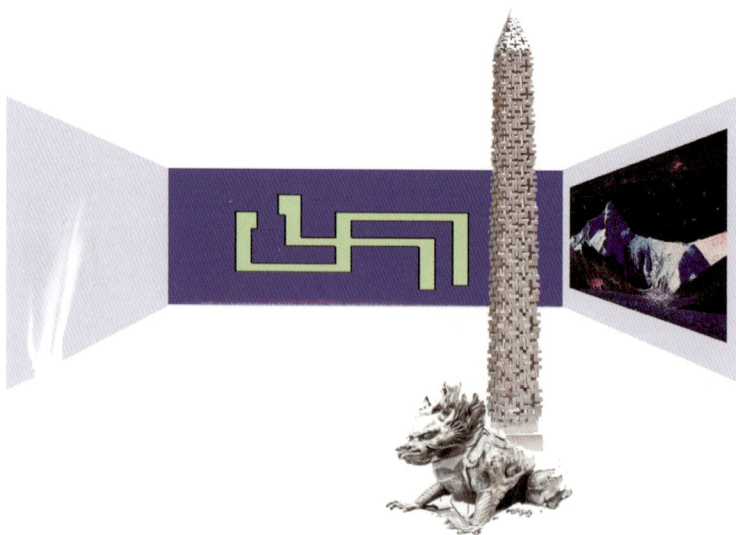

神谕春秋

衍符号，马王堆汉墓中有翼鸟与星汉相随，银麒麟瑞兽高高托起方尖塔，文明的思绪牵引着十字的光辉穿透幼发拉底河文明、尼罗河文明、黄河长江文明、恒河文明，灌溉滋润着佛教文明、基督教文明、伊斯兰文明。喜马拉雅粉红豹带来如光玉髓的神谕；人类存在于这个星球的时间很短，但文明还在继续。

瑞兽灵秀——神谕春秋。

## 十字莫比乌斯环

十字和万字无限循环往复的莫比乌斯环（Mbius Strip，M Bius

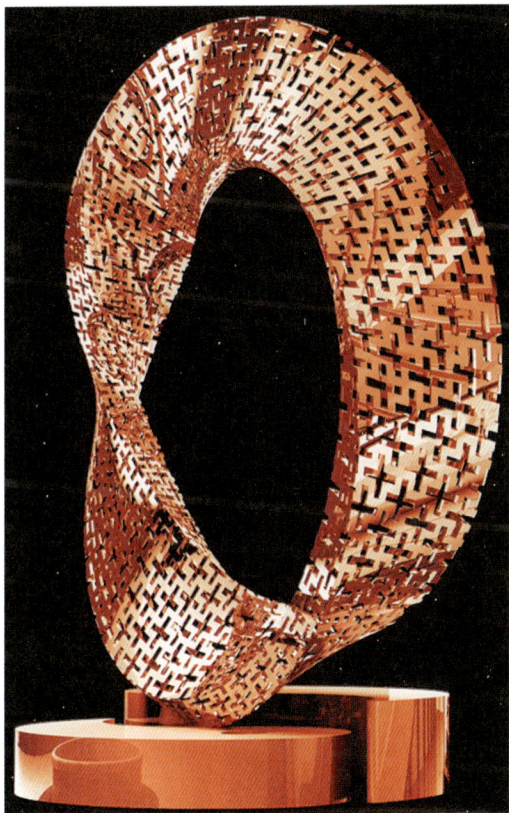

十字莫比乌斯环

Band）借用拓扑学的结构，它只有一个面（表面），和一个边界，是一种单侧、不可定向的曲面。将一个长方形纸条 ABCD 的一端 AB 固定，另一端 DC 扭转半周后，把 AB 和 CD 粘合在一起，得到的曲面就是莫比乌斯环，也称莫比乌斯带。它是由德国数学家、天文学家莫比乌斯和约翰·李斯丁在 1858 年发现而得名。

事实上有两种不同的莫比乌斯带镜像，相互对称。如果把纸带顺时针旋转再粘贴，就会形成一个右手性的莫比乌斯环，反之亦类似。

## 金　唄

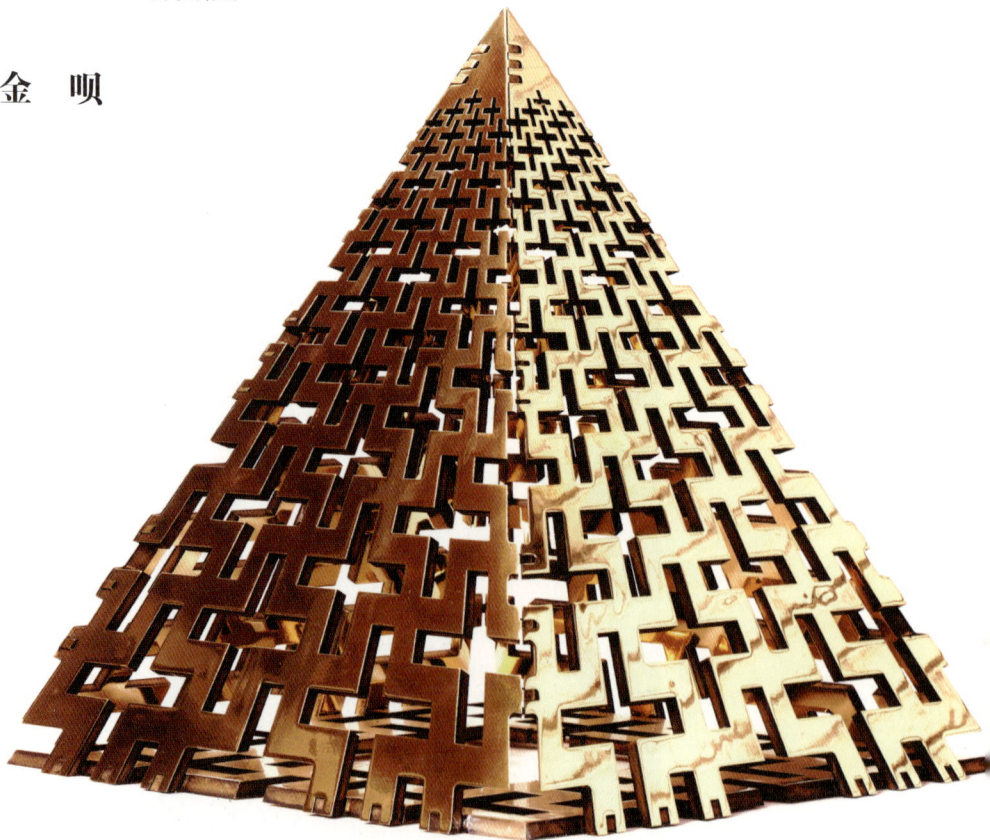

"如言金口。唄为梵音之颂声。止观五下曰：密覆金唄，莫令盗贝。"——摘自丁福保佛学大词典。

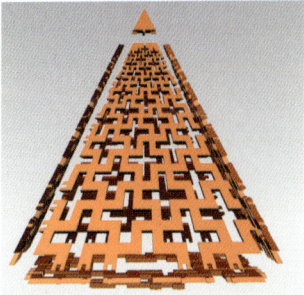

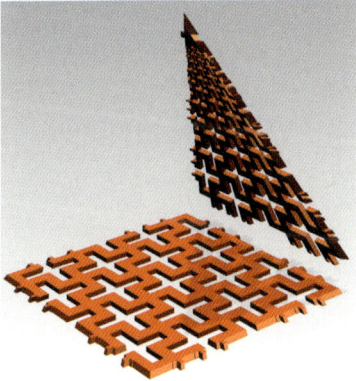
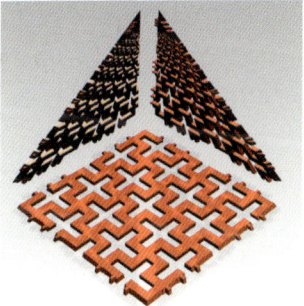
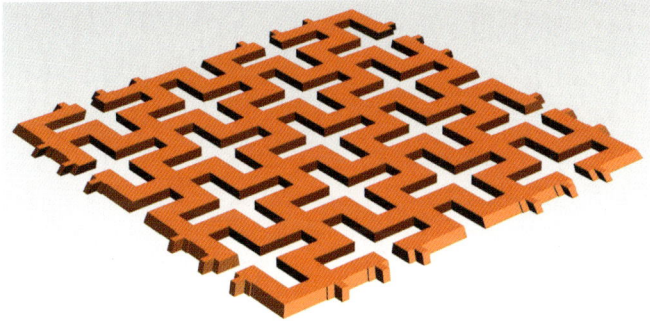
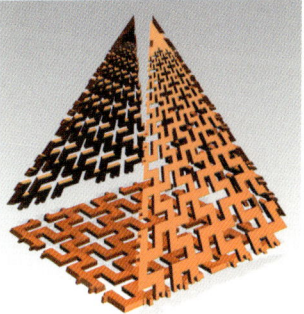

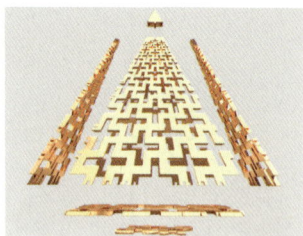

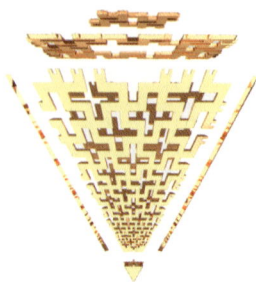

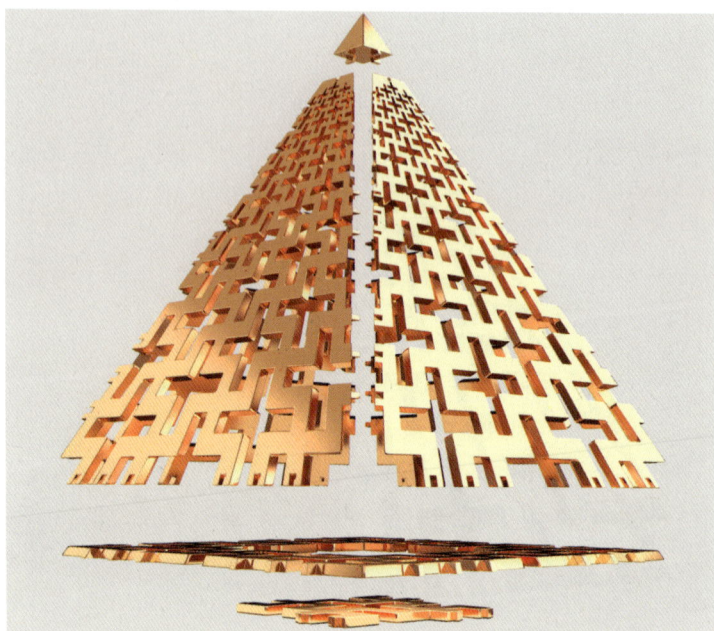

金呗
李新建设计创作。
2020 年

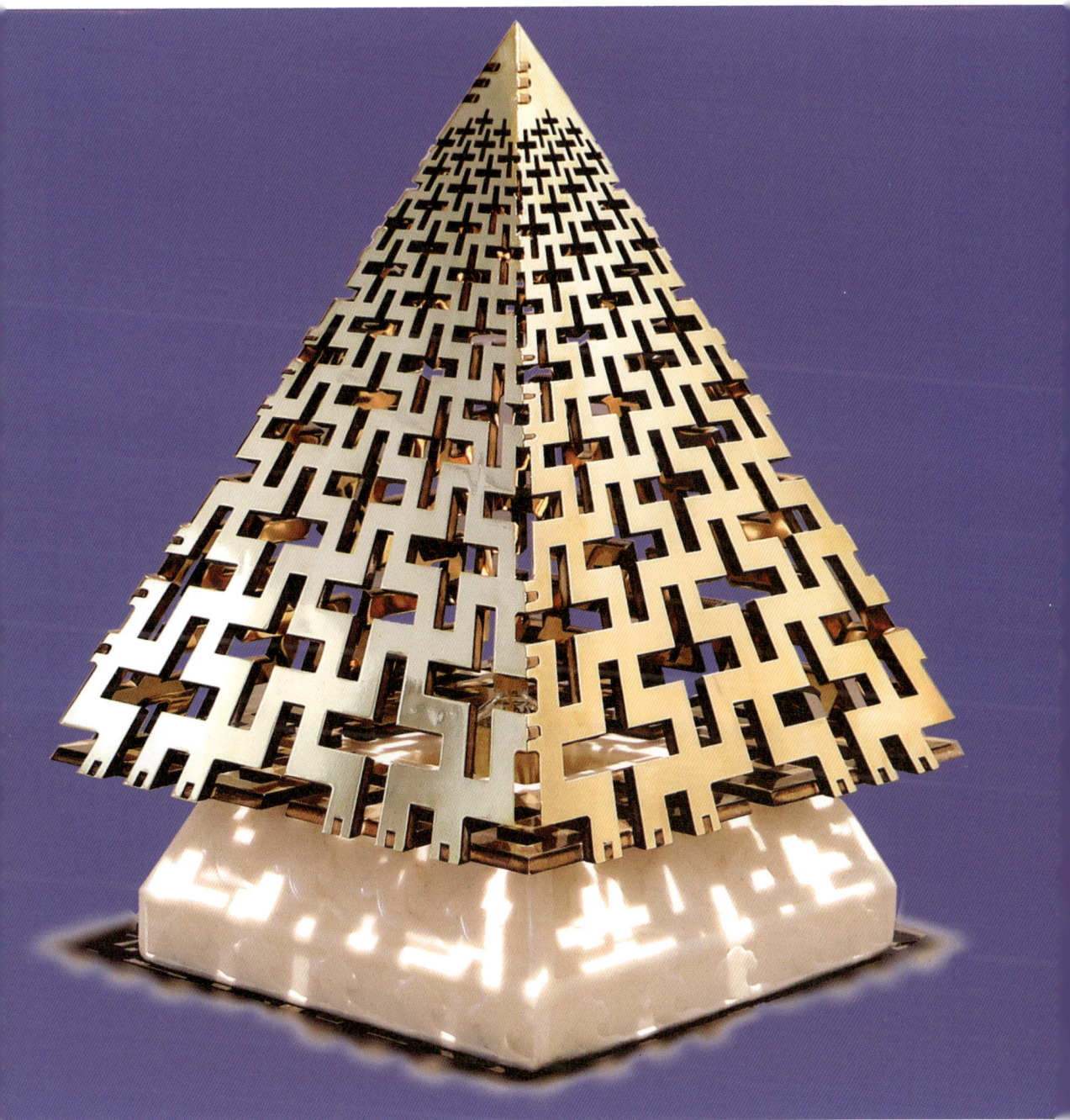

金声玉振的梵呗吟佛之音，即称金呗，密隐珍藏，使贝叶经长存。

曼达洛曲速环
不锈钢
200cm×200cm×15cm

飞翔的金字塔

约旦河谷
软性霓虹灯管二组
400cm×220cm，
100cm×55cm，程序
调控器。2021

# 霓虹灯

　　6组霓虹灯管、横弹、缓进、抖擞、急滑、有节奏地、快速、停顿、跳跃……变换闪烁，连续的、无间歇的电脉冲，如同凯歌高奏的呼唤，一连串神经冲动掀起的激情——独乐乐，与人乐，不若与众乐乐。

6 组霓虹灯管横竖交
叉，3 个调控器控制
霓虹灯的闪烁节奏。

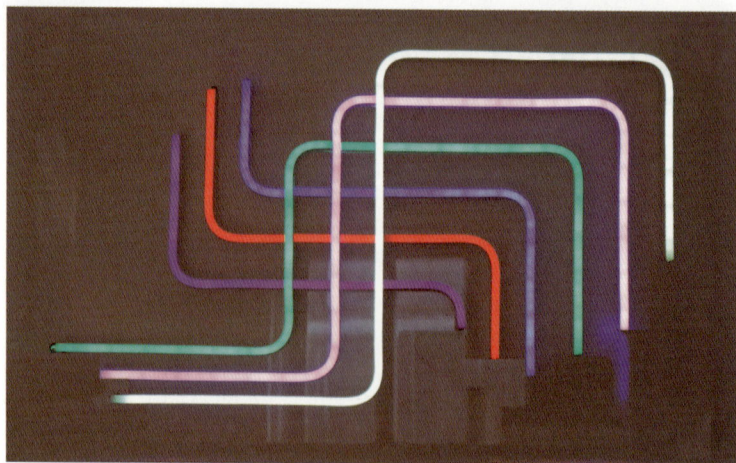

霓虹灯
100cm × 80cm × 30cm

下　　　编

# 万 字 绘 本

李新建　绘画

# 十字命名为万字
## DES CROIX NOMMEES SVASTIKAS

柯孟德〔Christophe Comentale〕

（法国人类自然历史博物馆高级研究员、美术史学家）

他与我不期而遇，

干枯腐烂的叶子、折断的茎，

被甩出的（芋头）块茎显现出它们失去活力……

飘散的灰色霾尘覆盖住纵横交错十字形状道路。

Il est venu à ma rencontre ;

les jetées de Taro étalent leur vigueur perdue，

feuilles sèches ou putrides， tiges cassées...

Le Gris poussiéreux a envahi l'allée qui se poursuit en croix.


花园里变黑的常青藤，

我们仍然可以区分出枯败的叶子和晚熟的果实，

所有的都软化了，

萎缩了，

就像是用超薄的纸做成的。

Jardin aux lianes noircies ;

on distingue encore les feuilles usées et les fruits tardifs,

tous ramollis,

fréles,

comme nés dun papier trop fin.


工作室，

那些小幅作品和草图的纵深处，

十字熔化，渐变成为一座座雕塑.

被一层层的气泡薄膜包裹起来油画作品，

高高的垂直灰，

闪耀着光泽。

Atelier.

Surfond de petites oeuvres et d'esquisses,

les croix fondues deviennent sculptures qui s'imposent.

Ses peintures à l'huile alternent leurs couches de bulle et de toile,

hauteurs et verticales grises,

luisantes.


超强的厚度，

在左侧，

画刀挑起的颜料跃然其千仞冰峭，

简朴的笔触砥嵲色彩，

万壑幽谷构成的四联屏风，

神迹穿过带磁性的寒冷群峰。

Epaisseur.

Sur la gauche，

un quadriptyque en pate épaisse fait parcourir une chaine de

montagnes froides à l'intensité magnétique.

当凝视到繁复线条的交汇点，

钢的方尖碑显示出它的真实形态。

万字符交织为十字互补的哑光图案，

在金属阴影的反射下几乎是黑色。

三角形的结构伸延到基部：

装满工具的工作台。

un obélisque d'acier révèle sa vraie forme lorsque le regard s'est

plié au cheminement des lignes.

Les svastikas s'interpénètrent en motifs complémentaires，

mats，

presque noirs sous les reflets d'ombres métalliques.

Une base prolongée par les faces'triangulaires，

Table chargée d'outils.

一本手风琴式的折叠书，

像另一个矗立的方尖塔。

萌动的线条，

跳跃的十字图形赋予生命之歌，

从而唤起文明在短暂的呼吸中复兴，

对充满魅力的十字记忆，

成为那些人为寻找遗忘的历史，

消失的文明，

生命之源的丰碑。

dont un livre-accordéon,

un autre obélisque en aplat.

Les lignes ainsi constituées redonnent vie à ces motifs de croix actives,

là pour susciter le regain des civilisations en essoufflements ;

des croix de mémoire d'enchantement,

devenues celles qui chassent l'oubli,

la disparition,

alors source de vie.

银羊多丽

Christophe Comentale

Li Xinjian

Des croix
nommées svatsikas

na rencontre ; les potées
lews rigueur perdue,
n putrides, tiges cassées...
reux a envahi l'allée
en croix.

幼发拉底河宝藏

法老星空

大蛇黑沙塔

特洛伊古城伊斯格赫利伡神像

大蛇紫沙塔

Jardin aux lianes noira
encore les feuilles usées et le
tous ramollis, frêles, comme

葡萄谜语

稀稀自然過渡像刻畫方文化全，或到祝眼間萬字筋境學家，加至到此人們等找到
傳統東方圖通士且流雅画碑紀

图特卡蒙从小亚细亚升起咏唱

巴比伦之囚的贡品

大卫王宫殿

特洛伊生殖瓮

Atelier. Sur fond de petites œuvres et d'esquisses, les croix fondues deviennent sculptures puis s'imposent.

櫻花流风

丹顶犄角

大佛的脚印

佛陀顶髻相

世间天极

佛陀三世

奇点十五秒

阿硌琉斯与阿贾克斯对弈

洛克菲勒绿龙

es feintures à l'huile altenent
leurs conches de bulle et de Tôle
rauteurs et verticales qui
misantes.

哥本哈根太阳十字金针

埃特鲁斯坎神兽

埃特鲁利坟墓穴火炬手

塞浦路斯宝瓶

青铜核弹

不列颠群岛上的珍宝

彩银大都会

高卢骑士

第二圣殿橄榄树

巴别塔野餐

阿伽门农藏匿的宇宙密码

赫楞人向欧罗巴迁徙

在腓尼基海永生

战神阿波罗

罗马军团攻守卡皮托尔山

外邦人的皈依

骑士圣母子祭坛

帕特罗克斯死于赫克托尔之手

拉达克玛尼石

Epaisseur. Sur la gauche, un quadriptyque en pâte épaisse fait parcourir une chaîne de montagnes froids à l'intensité magnétique.

太阳的印记穿越喀喇昆仑

特洛伊轴

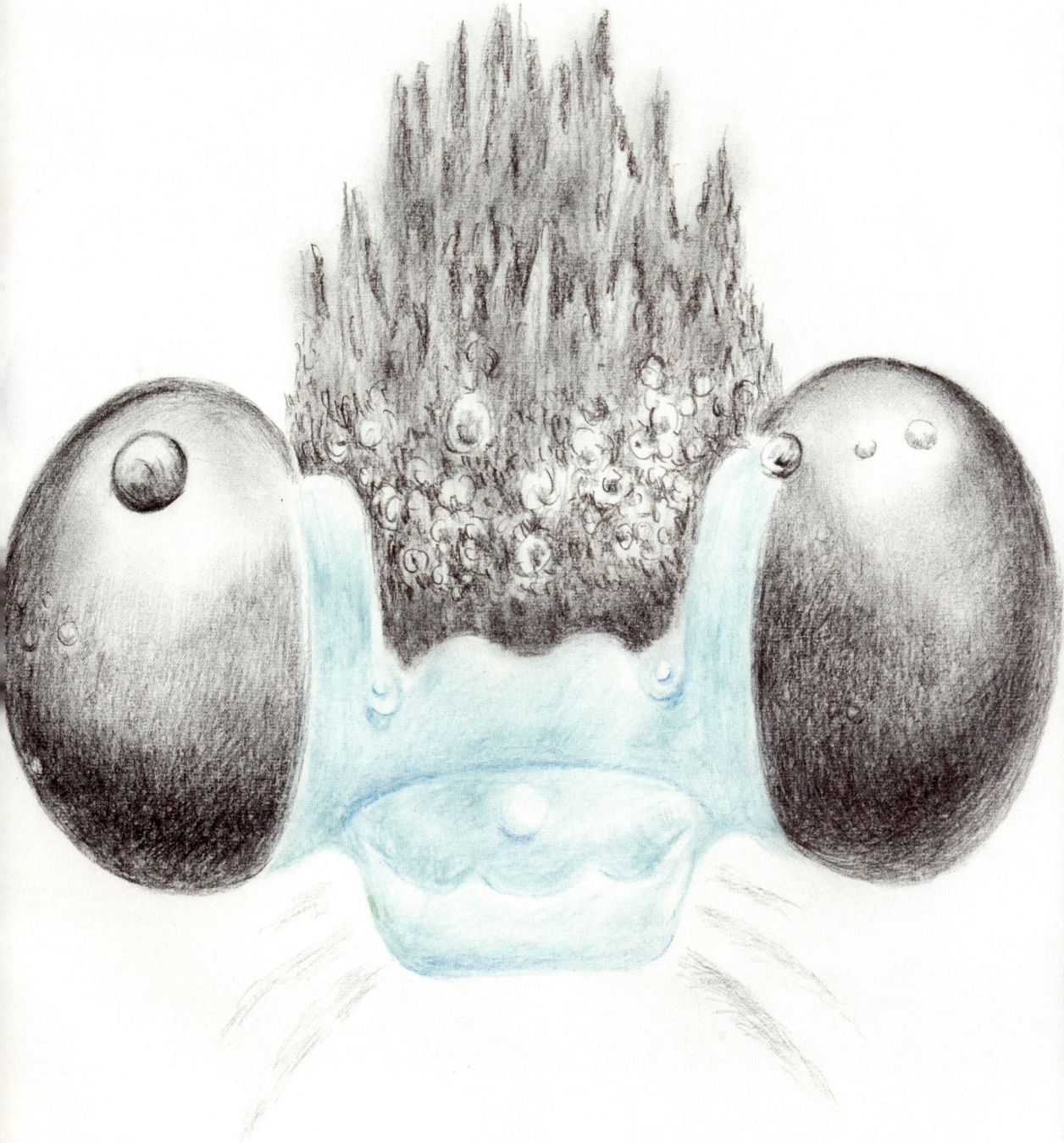

巫医的行为疗法

佩尔瑟福涅丰产女神的面包鞋

凯尔特人的生命树

Un obélisque d'acier révèle sa vraie forme
lorsque le regard s'est plié au cheminement des lignes.
Les svatsikas s'interpénètrent en motifs
complémentaires, mats, jusque noirs sous
les reflets d'ombres métalliques.
Une base prolongée par les faces triangulaires.

Table chargée d'outils,

亚述之门

西域交泰石

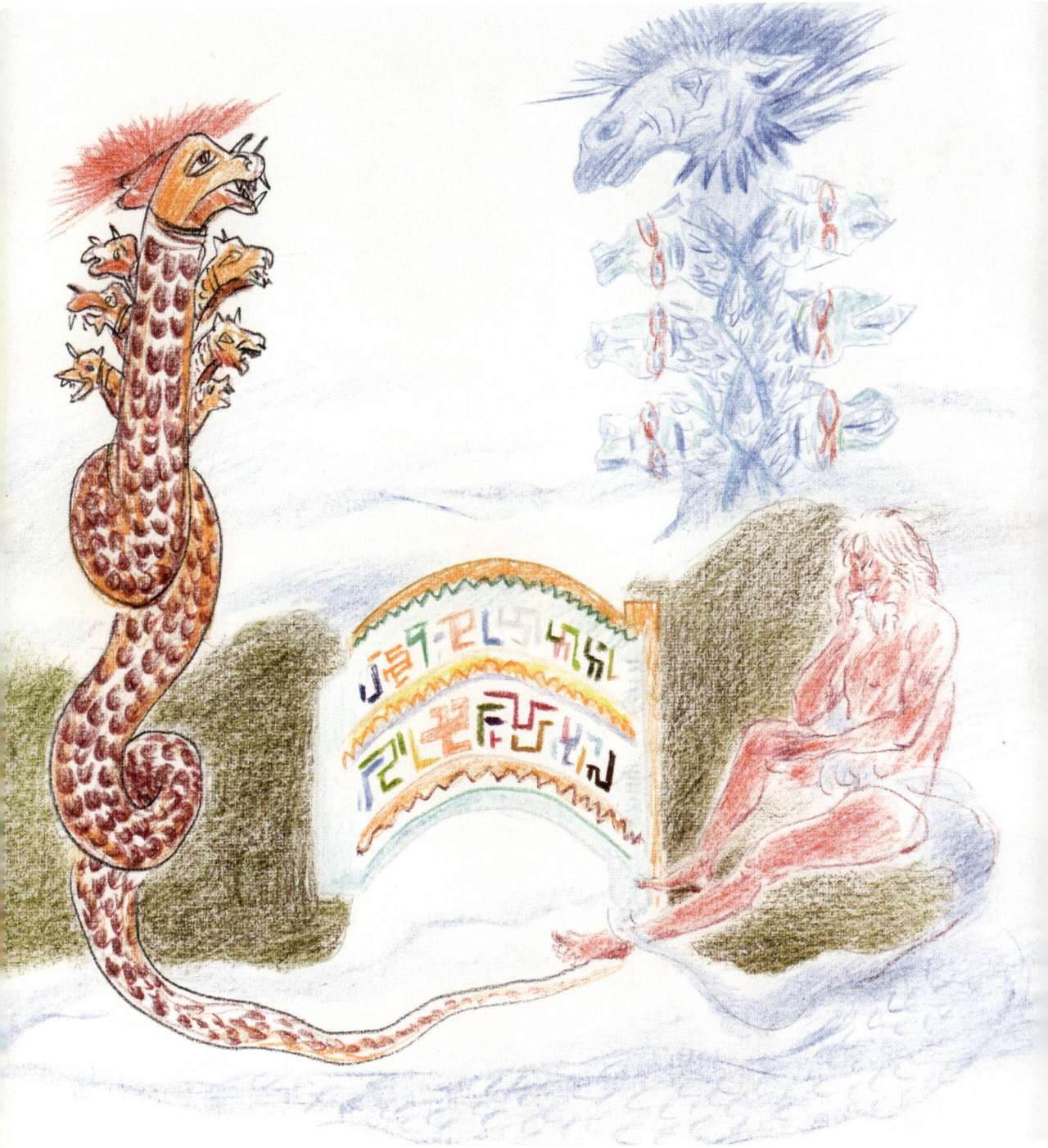

斯堪的纳维亚庞龙

毕加索的宠物

青铜时代的麦田

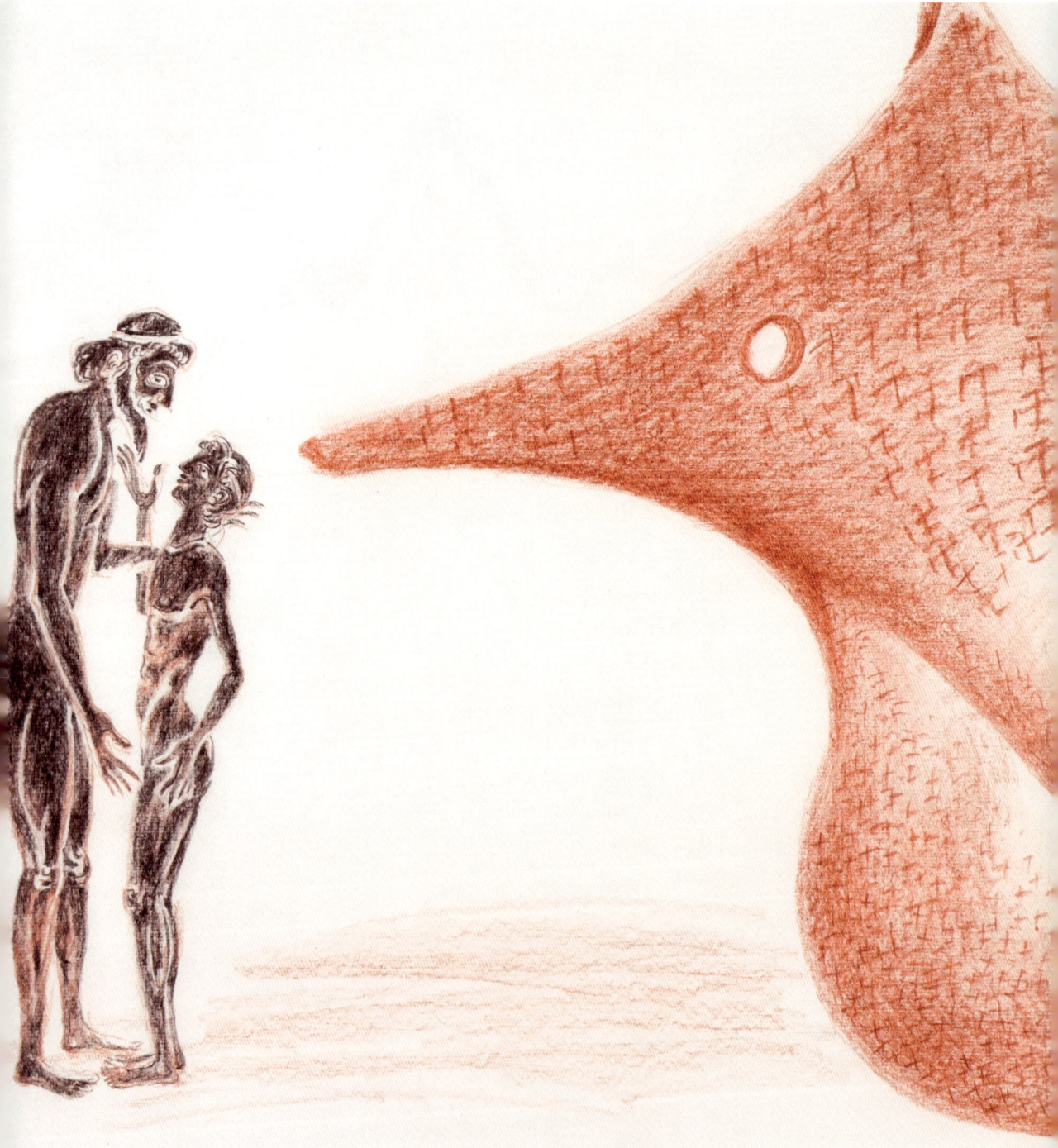

希腊啸笛

维京黑船

凯尔特面具

幼发拉底河玩偶

质子凤凰 – 斯堪的纳维亚银环

中国新石器时代彩陶太阳纹

啄木鸟花园

湿婆卵床

十字架还不太沉重

爱琴海冲浪骑士

宙斯的黑天鹅

奥德修斯迷恋天籁赛壬歌唱国会图书馆

拉斐尔隐藏在雅典学院

克里特岛迷宫

哈勃太乙音叉图

曼哈顿

金枝

神姬 – 密西西比

先知

热寂号角

阳明山

唐冯贽《云仙雜俎》瀋蜀人家七夕使蜘蛛

結巧萬宮以床平伸綵尤乞絡人蠶蓋蚁呆上

查蜘蛛綱侯乙

原力

奥古斯都和平祭坛

约旦河谷

欧发罗尼奥斯描绘的太阳神阿波罗战车行列

天宇半坡

# 万字文本艺术

## ——李新建和栗宪庭谈话录 [1]

2005 年 6 月 10 日

栗：你所有的艺术活动都与西藏有关，你哪一年到西藏去的？

李：大学毕业吧，1982 年毕业的，四川美院七八届的。

栗：你在西藏待了多少年？

李：从 1982 年到 1991 年。

栗：差不多十年时间。

李：差不多吧，那时候我在西藏革命展览馆做展览设计，那是 1984 年，1985 年后因工作的关系有不少机会来北京。

栗：我印象里你一开始画了些带点超现实主义味道的画，是吧？

李：不完全是，这之前在川美上学时画过一些抽象绘画，记得我画过的一幅抽象的有几何形象的油画名字叫《图腾》，为了便于理解又改名为《源远流长》，这幅画在当时国内还并不太开放的闭塞情况下，它的特别的，表现形式不同于所有的写实主义

---

① 栗宪庭，1949 年出生，中国艺术批评家。

题材，有意思的是这张画在四川青年美展展出时还得了一个奖，奖金 80 元。当年只有在四川美展获奖才能获得参加 1980 年全国青年美展的资格。之后这幅画被送到中国美术馆，北京的评委们说看不懂，把它拒之门外。不过我们的院长叶毓山还在《美术》期刊上为我这幅画做了申述。过了一年，这幅画参加"四川美术学院油画作品赴京展"，还是挂到中国美术馆的墙上了。后来罗中立跟我说，要是这张画入选一定能得个全国青年美展的二等奖，嘿嘿……

栗：到了西藏以后，你才画了那种超现实主义味道的画？

李：对。

栗：又做了些行为艺术吧？你给我看过照片，是几个人裸体，面对喜马拉雅山做作揖状。

李：那是 1987 年，我利用去阿里无人区古格城堡遗址临摹壁画的机会，鼓动一帮画画的哥们儿去珠峰。其实，就是生活在西藏，要去趟珠穆朗玛峰也很不容易。圣山神圣，珠峰和喜马拉雅山脉永远对我是个诱惑，一直想去那里，幻想在寂静中去感受第三极地。1987 年在你主编的《新潮美术》刊载了我的一篇小文章讲道：讨厌所有的生物，它们在蹂躏喜马拉雅那一条原始神秘的雪白山脉。这之前，刚去西藏，我被那里纯净的色彩吸引，为宗教的感召力所震撼，1982 年到 1985 年，有一种拿笔直戳画布那种表达的激情，我似乎体会到梵高涂抹画布时的那种愉悦情绪。当时梵高会不会也是这样画呢（笑）？我一直为我失掉一张画而耿耿于怀，那是我认为自己画得最好的一张画；老栗你看过的，画的是喇嘛和羊。北京那个时候好热闹的，能碰见各种各样有意思的人。1986 年在北京办完"山地艺术家"展览后，我把画存放在空政话剧团一个朋友家里，她后来告知我画被偷了。好奇怪就这张画不见了。

栗：对，我知道那张画，我这儿还有那张画的片子，我印象挺深的，画面有一只羊和一个喇嘛，头顶上云彩的形状有点奇怪，卷来卷去的，从画面的右上角飘来。

李：画画的那天晚上，本想画张布达拉宫后面的龙王潭公园的麻柳树和雪地上的乌鸦和雀鸟。奇怪的是我坐卧不安，面对画布发呆好一阵，打开房门，布达拉宫的喇嘛的洗脚水差点泼在我头上。此时也无须思考，手不受脑袋的控制，速度，无间歇不停笔的速度，从夜晚10点钟画到清晨6点多钟。怪异的笔触，无以言状的表现，有人看这幅画时说"弥漫着高致性的热辐射"。

栗：画面有一种挺神秘的感觉，像神在召唤似的。

李：对，一种像神一样传奇般的点化。

栗：下笔千言有如神助。你后来关注那个万字符号跟这个经历是有关系吧？

李：其实这个符号和我的经历有一种潜在关系。我有一种状态，置换一个时间环境或是不同的社会背景，我会不由自主重新调整我的思维方式和观念表达。似乎有一种不是预设好的、被不自觉的状态控制着的情绪。1986年后的一段时间，我画有点超现实主义的画面，就是对黑色比较感兴趣。黑色的门、黑色的羊，橄榄绿色的眼珠在羊的脸上有种看不透的神秘。我画了一系列以"梵"字起名称的油画。去转西藏的寺院常会看见这样的风景，风鼓动着五彩经幡，一群喇嘛坐在黑紫色的岩石上，墨黑色的云团透过低沉音域飘浮在天空，映照着挂着片片铅红粉色的经幡和万字符号。后来我去了法国，这个符号的文化含义在西藏和欧洲出现了一个巨大的差异，引起我了的注意。

栗：哪年到法国去的？

李：1991 年。

栗：你是什么时候开始对这个符号感兴趣的？

李：在家里看电视学法语。法国电视传媒经常播出些有关二战的节目，实际上在法国，对二战纳粹的反省和批判比中国对日本二战罪行的批判激烈得多，有段时间，打开电视机就是有关二战的节目，有种天天讲的感觉。看到电视上屏幕上出现的纳粹符号感到特别刺眼，为什么在西藏同样的符号意思却完全不一样？

栗：这个符号在不同的文化环境里会有不同的解释。

李：我想，我是不是换种方式？利用这个符号的式样做成另外的东西，设计转换成三度空间的结构，做个迷宫什么的，我觉得这个挺好玩。因为"万字不到头"的平面特性在三维空间里能形成无限的扩张力。要做体量大一些的作品我是没有这个财力的，通常法国的文化部门会资助一些艺术家的创作计划，但我的运气不佳，当我提交方案，在方案书里提到万字时就会遇到麻烦吃闭门羹。后来我改变策略提交方案，用"非符号化"这个概念重新来定义这个符号。1997 年，我受到纽约一个雕塑基金会的邀请，在纽约待了两个月。

栗：你以一个艺术家的身份，以一个学者的态度、方式在探讨这个符号。

李：这真是个被逼得没有办法的办法。大多数人看到这个万字，会说：哦！是纳粹的那个符号，向左是好的，向右是坏的，还有人会说，这是一个佛教的符号。固然他们的说法没错但是都非常表面。

栗：以什么方式都无所谓，我说是你以一个艺术家的身份，用一个学者的方式在探讨这个符号，但又不是真正的学者那种纯粹的研究。你也做行为艺术，做雕塑。最原初的感觉在于你从西藏到法国，同一种符号，给你如此强烈的不同感受，你在表达你的这种感受，同时，你的作品也是在试探不同文化环境中的人们如何反应同一个符号。反应不同，大概是你最关心的，因为首先是你在不同文化环境中，承受了如此强烈的"感受反差"的刺激。

李：我并非考古学家、历史学家和人类学家，但我以艺术家的方式用学者的研究方法来做一个文本作品。还有一点，或许是我抛不开的一种本能的思考方式——直觉。事实上当用一个学者式的研究方法就像是掉进一个巨大的陷阱，这就逼得你必须要花更多的时间做理性的工作，上而提及这个符号根本不可能用是好还是坏这两个字来说明问题，有的太敏感，很复杂，要看不少书，查找很多资料，去逛不同的博物馆。这个工作计划从1998年开始，到现在已经好多年了。我自己要做这个文本作品也起之有因，记得有一次去纽约图书馆查数据的时候，我发现一本书挺有意思的，书名叫SWASTIKA（斯瓦斯迪咖）这是梵文的读音，中文就是"万"字。

栗：除了梵文呢？

李：这个符号在世界上有二十多种发音。不过在纽约图书馆借书的场景至今让我记忆犹新，那天我坐在一张大书桌旁，一位女管理员将我指定要查阅的书放在我面前，然后她用纤细的手指小心翼翼地打开这个用三层包装纸保护的褐黄色的文卷，端正地将那本有一百多年历史的原版科学著作摆在我的面前。好珍贵！这让我想起1978年我考入四川美院，去图书馆看书必须洗干净手才能翻阅画册的场景。那时候学院图书馆会在门厅处放上一本国外的原版画册锁在玻璃柜里，同学们只能围着玻璃柜看，急死了！这本人类学家威尔逊写的书，我之前在纽约的印第安人博物馆翻阅过，里面的内容和信息对我很重要，所以我来到纽约图书馆想安安静静再翻阅一遍。我查寻到一些有用的章节，我问图书管理员是否可以复印，回答是"No"，但是她又说，如果用激光扫描复印是可行的。我问那多少钱？她说10美元一页。10美元一页是很贵的，因为需要，我还是从这本100多页的书里挑了约20页，然后我去复印的时候她又说这个书复印的话不能马上拿到，我问要多少时间，她说起码要三五天以后，我说我明天就回巴黎了，她说没关系你写个地址，我就把地址留给她。回到巴黎第三天，他们给我打来电话，说不能给我复印。啊，这么牛？纽约图书馆欠我美元不退还，何不自己做本书呢？（笑）

栗：我觉得最重要的是你这作品……最终是个艺术品。

李：是，因为它转换成一种研究，用研究方式做作品，这是毫无疑问的。

栗：你在使用了学者的方式，就文本而言，你和学者区别在哪儿？

李：有人对我讲，你这本书应该写得像说"口水话"，通俗才好卖。有一位艺术家又说，这样写也没问题，懂不懂并不重要，似懂非懂也挺好。一位诗人这样说，这些小标题看起来很有诗意，有阅读性。有位编辑说："你这个书怎么讲的都是历史？你应该……"她没有理解这件文本作品的含义，她说的更多的也许是市场。总之，人们所处的位置不一样，立场不一样，说法也就不一样。我坚持认为我是用艺术家的态度和方法来做这件作品，从观念思考的基础来源到具体呈现为一个视觉作品，不管从设计到制版，包括装帧，它应该有别于通常评判书籍的标准，它一定不是通常的考古学、人类学和宗教类型的书籍，我就像是一名侦探在不停地寻找这个符号的蛛丝马迹，它还会演化成不少视觉观念性作品。我强调创造性！这是和学者有区别的，不然会变成个"学究"那就不好玩啦。我要让人们去触摸这件作品，它的严肃不影响作品中的幽默感。我觉得万字衍生出来的那些图像很重要，我把它们分类，但我不像考古学家那样去划分什么地质年代，比如说，它是哪个时期的，什么地形地貌。我这样讲吧，通过图形来推断、归类；战争归一类，建筑归一类，宗教归一类，货币归一类，性归一类……从这个角度去做，会发现许多有意思的东西。

栗：那希特勒当时怎么会用这个符号的呢？

李：这是至今使人费解并引起争议的话题，希特勒在他写的《我的奋斗》中没有明确的解释。希特勒居住过兰巴赫镇，那段经历可能对他小时候的心理多少有些影响。在兰巴赫镇保存着许多古老的教堂，其中有一座建于公元 11 世纪的本笃派大修道院，希特勒进入本笃派修道院学校学习了两年。在修道院的过道上、石井上、修道士的座位上以及院长外套的袖子上都装饰有万字纹。希特勒回忆说，教堂里的庄严、豪华、灿烂的庆典一再令他欣喜若狂。一位美国学者认为：本笃派大修道院中大量的万字图形，在幼年的希特勒心坎上留下极为深刻的烙印，这很可能促成了希特勒使用"卐"这个图案作为纳粹党徽的原形。18~19 世纪整个西方的考古学非常热闹，包括特洛伊的发掘，德国人谢里曼在那里发现万字符号，据说谢里曼把特洛伊发掘出的万字古代遗物全部捐到美国博物馆。希特勒一定也听说过特洛伊，他也喜欢古代艺术，也忘不了崇拜古代帝国寡头。

栗：这个作品是当代艺术家做的？

李：约翰·哈特费尔德（John Henrtifield）的作品，他是柏林达达艺术圈里的主要艺术家之一，他这幅《十字架太沉重》，运用达达蒙太奇的形式，尖锐地讽刺了希特勒、纳粹法西斯对整个基督教会的控制，这个人嘲讽纳粹很有名气，创作了不少具有政治化和煽动性的作品。我用二战协约国撕裂纳粹标记的宣传画来结束了这个章节。

栗：这是你自己画的？

李：是原来二战的宣传画，博物馆不让拍，我是重新画的。

栗：据你了解，万字最早在哪里使用？

李：公元前7000年的美索不达米亚是目前发现万字最早使用的地方，随后它散落在世界各地。一个德国人写了一本关于纳粹心理分析的书，里面有个公元前200年在约旦亚得－翟卡（Edd-Dikka）犹太教堂遗迹里的万字图形，你看这个图形，似乎很神秘，它与性有关却并不色情。

栗：你通过这一系列的文本，想说明什么？

李：事实上，这个符号跟我们人类的迁徙相关，它跟随着我们的迁徙而迁徙，可以说凡是人类足迹踏过的地方几乎都能发现它，文明程度越高，使用越频繁。还有一个就是我特别定义的"非符号化"概念，与造型、设计相关。非常重要的是它再也不是一个符号的概念，它已经转换改变成不同的式样和形象，具有光的、透明感的空间性质，视觉上非常奇特。

栗：你说你比较在意的是图形。你和学者有区别，我觉得这跟身份有关系，就是你作为一个在西藏生活了很多年的中国人，你迁移到欧洲去，然后在法国你看到因为批判纳粹，欧洲人对万字符根深蒂固的痛恨。而你在西藏对万字有那样的一种神秘甚至崇敬的感觉。就是这种反差对你的刺激，一直让你对这个万字文本作品的创作持续了如此长的时间。你想证明它本身没有善恶，没有好坏？

李：我不是想证明它是什么，我以为艺术中的直觉是最重要的，而选择是有理性的，所以我用了文本的形式，让观看者在阅读中来判断。

栗：但你还是在证明这种符号没有善恶，没有好坏，或者万字符号本身没有什么固定的含义，在于谁在用它。

李：是，看怎样用它。

栗：如果没有希特勒那段历史的话，这个符号大概不会有恶的含义。

李：它还是一个让人感兴趣的一个话题，至少可以这样讲，它被恶人用了以后其含义变得复杂化了，因为它某一方面不只有纳粹种族主义，还代表着现在的文化种族主义，这是我在文本里面要讲到的。

栗：那你这个主要观点是什么呢？

李：就是通过具体的考证方法，重新定义。

栗：主要的观点是什么？

李：我引用文本里的一段话吧：我在这里特别强调"卐"字，在不同历史阶段，不同的民族有不同的称呼："Swastika" "Croix Gammee" "万字" "雍珠" ……还有好多我们不知道的称呼，这一点尤其重要。因为这个符号在世界上有众多的称谓，而它的含义和指向是有绝对的、本质上的区别的。文本中论及的万字，作为若干"公案案例"分类罗列、陈述，似如，在"地缘搜寻"案卷中，以当代地理、地域来展示不同的历史信息图形，而所有的推论在个案案例之中，必须依赖于图形本身处在不同文化背景中呈现的图像进行分析，用所诠释涉及的外围信息来加深作品的内涵。人们通常对如下观念熟视无睹，即事件的肇因总是存在前后、上下、左右延伸的因果之链，如果你觉得这样看问题是超出我们能力之外的额外任务，正是霍金这个有趣的人物说的："上帝完全是一名大赌徒，它在宇宙这个庞大的赌盘上的每个场合下骰子。"读者不妨把万字看成一种隐喻，这件文本中有的案例更像寓言，也是一种训练感知和判断力的游戏。

我并不回避我的观点，也不是要证明我的观点，文本解决不了那些争议。为此，我提出"非符号化设计"的概念，正是基于对这个符号古代和现代历史性的重读，通过研究与万字符号相关的不同的图画中潜藏着相关和似乎不相关的史实和故事，也许会发现它们之间是相互联系或是独立存在，以及可能对未来产生影响。质疑这个符号的渊源并诘问，我们能不能把万字看成人类社会文明发展和变化的一条纽带呢？19世纪的美国人类学家托马斯·威尔逊的观点在今天看来更有一种潜在的当代意义，他认为："万字这个图形符号牵涉到人类的历史，文明的发祥地，探索研究万字的象征来源时，我们不光要考虑它的自然现象，也应该寻找尽可能多的可能性，它扩散的时间和迁徙的过程，以便比较万字在不同时代和地区所反映出的一种时尚或权力，以及它们不同的设计风格。"

栗：你想表达什么呢？还万字本身原初的多元含义，清理欧洲人符号本身的偏见?

李：为了这个话题，我还专门去华盛顿考察过犹太人纪念馆，那是一个让人感动的纪念馆，看到犹太人受难，你也会非常难过。只要是杀戮，都会让人难过的，是吧？但这个符号同犹太人灾难直接相关，纪念馆展示的符号标记，不管正反，都是坏的。

栗：你想把万字从欧美这样坏含义的语境里面解放出来?

李：我发现，不仅是欧洲，事实上在美国对这个符号的敏感比在法国还要强烈，因为我到美国的一个博物馆去看展览的时候，有很多印第安人的展品上出现这个符号，博物馆要用好几篇的文字来解释这个符号是怎么回事儿，似乎要和纳粹法西斯划清界限，感觉好紧张。今天我不过就是想通过这件文本作品对万字重新定义。

栗：我知道你这个作品是想通过一个趣味化和轻松的游戏，消除万字符号带给人们的紧张心理，就像你首先经历7年的时间，证明万字本身在不同民族、地域、时间上的不同含义和用途，首先消除自己的紧张心理一样。(笑)

李：因为我不想从单一文化的角度，从单一参照的标准去看问题，当然时间拖得很长，总是有很多新的发现，因为我好奇。

# 参考文献

Aldebert, Jacques et Delouche, Frédéric, 1997. Histoire de l'Europe. Paris: Hachette Education

Amiet, Pierre, 1966. Elam. Auvers-sur-Oise: Archée (Paris, impr. Sola) .

Anati, Emmanuel, 1997. L'art rupestre dans le monde, l'imaginaire de la préhistoire.

Paris: Larousse. I

Anon., 2001. Les trous noirs. Paris: De Vive Voix. 2001.

Anonyme, 1969. Fleurs du Japon. 110 illustrations. Paris: L'Or du temps. Richelieu

Aufrère, Sydney Hervé et Napoléon, 1997. Description de l'Egypte: ou, recueil des

Observations et des recherches qui ont été faites en Egypte pendant l'expédition de l'Armée

Française. publié sous les ordres de Napoléon Bonaparte / préface, Sydney H. Aufrère. S.l.:

Bibliothèque de l'Image. [France].

Baratte, François, 1996. L'art romain. Paris: Flammarion. Tout l'art.

Basham, Arthur Llewellyn, 1993. La Civilisation de l'Inde ancienne. Paris: Arthaud.

Bass, Thomas A., 1993. Reinventing the future. Reading, Mass.: Addison-Wesley Pub.

Boyle, David, 1999. La seconde guerre mondiale ;l'histoire en images. Grund. S.l.: s.n.

Caubet, Annie et Pouyssegur, Patrick, 2001. L'Orient ancien: aux origines de la civilisation. Paris: le Grand livre du mois.

Collectif, [sans date]. L'art religieux, la lettre et l'image. In: .

Colloque International Sur La Stèle Disco ï dale, 1984. Hil harriak: actes. Bayonne

Degeorge, Gérard et Chuvin, Pierre, 2001. Samarcande, Boukhara, Khiva. Paris: Flammarion.

Delacampagne, Christian et Lessing, Erich, 1994. Immortelle Egypte. Paris: Ed. de La Martinière

Denoyelle, Françoise, 1997. Heartfield contre Hitler (John Willett) . In: Réseaux.

Communication – Technologie – Société. 1997. Vol. 15, n° 85, pp. 256–258.

Durand, Jannic, 1999. L'art byzantin. Paris: le Grand livre du mois.

Foucault, Michel, 1994. Histoire de la sexualité. Paris: Gallimard. Collection Tel.

Gaillard, Louis, 2013. Croix et swastika en Chine. Paris, Hachette (Edition 1904)

Germond, Philippe et Livet, Jacques, 2001. Bestiaire égyptien. Paris: Citadelles & Mazenod.

Hagen, Rose–Marie et Hagen, Rainer, 1999. L'Égypte: les hommes, les dieux, les pharaons. Köln [Paris]: Taschen.

Haloche, 1995. Grèce éternelle. Lausanne: Edita.

Ham, Peter van et Stirn, Aglaja, 1997. Les dieux oubliés du Tibet: l'art bouddhiste médiéval dans l'Himalaya occidental. Paris: Mengès. I.

Hawking, Stephen, 2009. L'Univers dans une coquille de noix. Paris: Odile Jacob.

Hitler, Adolf et Manheim, Ralph, 1994. Mein Kampf. London: Pimlico.

Hobsbawm, Eric, 2011. The Age of Extremes: the Short Twentieth Century, 1914–1991. London: Abacus.

Holtzmann, Bernard, 1989. La Grèce. Paris: Éd. Citadelles. Vent des siècles.

Leslibraires. FR, [sans date]. Les grands événements de l'histoire de l'art – Jacques Marseille, Nadeije Laneyrie–Dagen – Larousse

Loon, Hendrik van, 1953. The Story of the Bible. Garden City, N.Y.: Permabooks ;

Makariou, Sophie, 2001. L'Orient de Saladin: l'art des Ayyoubides. Paris: Institut du monde arabe.

Mekhitarian, Arpag, 1954. La Peinture égyptienne . Texte par

Arpag Mekhitarian, ...

Genève, Paris, Skira (Genève, impr. de A. Kundig) : s.n.

Munitz, Milton Karl, 1986. Cosmic Understanding: Philosophy and Science of the Universe. Princeton: Princeton University Press.

Pallottino, Massimo, 1985. La peinture Etrusque. Genève: A. Skira. Les grands siècles de la peinture

Parisse, Michel et Leuridan, Jacqueline, 1994. Atlas de la France de l'An mil: état de nos connaissances. [carte]. Paris: Picard.

Pedley, John Griffiths, 1993. Greek art and archaeology. New York: H. N. Abrams.

Reich, Wilhelm, [sans date]. La Psychologie de masse du fascism.

Shirer, William L, 2012. The rise and fall of the Third Reich: RosettaBooks.

Stavrianos, Leften Stavros, 1999. The World since 1500: a Global History. Upper Saddle River, N. J.: Prentice Hall.

Van Loon, Hendrik Willem, 1940. The Story of the World. New York: Garden City Publishing.

Van Loon, Hendrik Willem, 1954. The Liberation of Mankind. London: Harrap.

Van Loon, Hendrik Willem, 1960. The Story of America. S.l.: Hart.

Weeks, Kent, 2001. La Vallée des Rois. Les tombes et les temples funéraires de Thèbes-Ouest – Kent-R Weeks, Collectif, Araldo De Luca. Grund. S.l.: s.n.

Wells, Herbert George, 1965. A Short History of the World. London: Collins.

Willis, Roy, 1999. Mythologies du monde entier – Roy Willis, Collectif. Larousse. Paris: s.n.

Wilson, Thomas, 1896. The Swastika, the Earliest Known Symbol, and Its Migrations; with observations on the Migration of Certain Industries in Prehistoric Times. In: Annual Report. 1894. 1896. Vol. 24, pp. 757–1011.

Zarnecki, George, 1976. Art of the Medieval World, Architecture, Sculpture, Painting, the Sacred Arts. New York: Harry N Abrams Inc.


〔美国〕威廉·夏伊勒：《第三帝国的兴亡——纳粹德国史》，董乐山译，世界知识出版社，1979。

〔以色列〕阿巴·埃班：《犹太史》，颜瑞松译，中国社会科学出版社，1986。

朱维之、韩可胜：《古犹太文化史》，经济日报出版社，1997。

〔日本〕丹波康赖：《医心房》，瞿双庆、张瑞贤等点校，华夏出版社，1993。

〔德国〕E.弗洛姆：《人类的破坏性剖析》，孟禅林译，中央民族大学出版社，1999。

赵国华：《生殖崇拜文化论》，中国社会科学出版社，1990。

张朋川：《中国彩陶图谱》，文物出版社，1990。

郑为：《中国彩陶艺术》，上海人民出版社，1985。

张仲谋：《中国神秘数字》，中国矿业大学出版社，1996。

王红旗：《生活中的神秘符号》，中国华侨出版社，1992。

〔法国〕艾黎·福尔：《世界艺术史》，张泽乾、张延风译，长江文艺出版社，1995。

〔美国〕F.J.戴森：《宇宙波澜》，邱显正译，生活·读书·新知三联书店，1998。

〔美国〕房龙：《房龙地理·地球的故事》，赵绍棣、黄其详译，国际文化出版公司，1998。

〔英国〕艾瑞克·霍布斯鲍姆：《极端的年代：1914~1991》，郑明萱译，江苏人民出版社，1994。

庄锡昌、鲍怀崇：《世界文化史》，对外经济贸易大学出版社，2012。

〔美国〕托玛斯·A.巴斯：《再创未来：世界杰出科学家访谈录》，李尧、张志峰译，生活·读书·新知三联书店，1997。

〔英国〕理查德·道金斯：《自私的基因》，卢允中、张岱云、陈复加、罗小舟译，中信出版社，2012。

王树英、赵锦元：《南亚印度教与文化》，中央民族大学出版社，1999。

〔英国〕利奇蒙德：《神学与形而上学》，朱代强、孙善玲译，四川人民出版社，1990。

〔美国〕F.J.戴森：《全方位的无限》，李笃中译，生活·读书·新知三联书店，1998。

图书在版编目（CIP）数据

万字探微／李新建著 . -- 北京：社会科学文献出版社，2021.5

ISBN 978 - 7 - 5201 - 8182 - 2

Ⅰ . ①万⋯ Ⅱ . ①李⋯ Ⅲ . ①汉字－研究 Ⅳ . ①H12

中国版本图书馆 CIP 数据核字（2021）第 055071 号

## 万字探微

著 者／李新建

出 版 人／王利民
责任编辑／徐永清 黄金平

出 版／社会科学文献出版社 · 政法传媒分社（010）59367156
　　　　　地址：北京市北三环中路甲 29 号院华龙大厦 邮编：100029
　　　　　网址：www. ssap. com. cn
发 行／市场营销中心（010）59367081 59367018
印 装／三河市东方印刷有限公司

规 格／开 本：787mm × 1092mm 1/16
　　　　　印 张：28.75 字 数：262 千字
版 次／2021 年 5 月第 1 版 2021 年 5 月第 1 次印刷
书 号／ISBN 978 - 7 - 5201 - 8182 - 2
定 价／198.00 元